Mit Illustrationen
von Petra Bergmann

Karen Christine Angermayer

Smeeralda

und die 17 Wellen

Alle Flossen voll zu tun

Rotfuchs

Originalausgabe
Veröffentlicht im Rowohlt Taschenbuch Verlag,
Hamburg, Juni 2023
Copyright © 2023 by Rowohlt Verlag GmbH, Hamburg
Lektorat Christiane Steen
Covergestaltung Cordula Schmidt Design, Hamburg
Coverabbildung Petra Bergmann
Satz aus der ITC Legacy Serif
Gesamtherstellung CPI books GmbH, Leck
ISBN 978-3-499-00913-6

Die Rowohlt Verlage haben sich zu einer nachhaltigen
Buchproduktion verpflichtet. Gemeinsam mit unseren
Partnern und Lieferanten setzen wir uns für eine klima-
neutrale Buchproduktion ein, die den Erwerb von Klimazerti-
fikaten zur Kompensation des CO_2-Ausstoßes einschließt.
www.klimaneutralerverlag.de

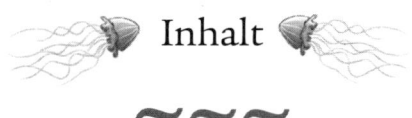

Inhalt

EINS

Abschied von zu Hause

~ ~ ~

Es war schon hell, als das Meermädchen Smeeralda an diesem Morgen erwachte. Das Meer vor ihrem Fenster warf einen türkis-goldenen Schimmer auf ihre Kissen und den hellblauen, weichen Teppich, der die Form eines Delfins hatte. Von der Terrasse draußen, die unterhalb ihres Zimmers lag, konnte sie das Klappern von Geschirr hören. Die ersten Gäste frühstückten schon. Smeeraldas Mutter leitete eine kleine, feine Pension, zu der auch ein Café gehörte.

«Könnte ich noch etwas von dem vorzüglichen Schildkröteneier-Omelett haben?», hörte Smeeralda eine tiefe Stimme fragen. Sie gehörte zu Herrn Lowinsky, einem älteren Seelöwen, der mit seiner Frau jeden Sommer bei ihnen zu Gast war. Auch die Bewohner der kleinen Stadt, in der Smeeralda und Coralline lebten, kamen oft am Nachmittag auf ein leckeres Stück Kuchen vorbei. Corallines Backkünste waren weit im Meer bekannt.

Smeeralda sah auf ihren Muschelwecker. Oh weh,

schon Viertel vor acht. Sie hatte verschlafen! Wenn sie sich nicht beeilte, kam sie zu spät zur Schule.

Sie schlug die Bettdecke zurück, schwamm ins Bad und kämmte sich ihre langen blonden Haare mit den türkisblauen Spitzen. Dann schlüpfte sie in einen Rock und ein Oberteil mit blaugrünen Sternchen.

«Guten Morgen!», begrüßte sie das Seelöwen-Paar von der Terrassentür aus.

«Guten Morgen, Smeeralda. Wie schön, dich zu sehen!», rief Frau Lowinsky. Sie war schick frisiert und trug auffallenden Lippenstift. «Du hast ja bald Ferien. Freust du dich schon?» Sie sah ihren Mann an. «Zu meiner Zeit fand ich die Ferien das Beste an der ganzen Schulzeit!», fügte sie hinzu.

Smeeralda nickte lächelnd. «Und wie! Ich kann es kaum erwarten!» In drei Tagen war es endlich wieder so weit: Sechs wunderbare Wochen Sommerferien lagen vor ihr und ihren Freundinnen. Smeeralda winkte den beiden Gästen zu und wollte gerade zu ihrer Mutter in die Küche schwimmen, da rief Frau Lowinsky: «Dürften wir dich noch bitten, ein Foto von uns zu machen? Du hast immer so ein gutes Händchen dafür.»

Smeeralda war spät dran, doch sie wollte dem netten Paar seine Bitte nicht abschlagen. Also fischte sie eine kleine Kamera aus ihrer Schultasche. Das Gehäuse sah genauso aus wie ein Krebs. Die Seelöwen rückten zusammen und legten ihre Flossen auf dem Tisch übereinander.

«Koralleeeee!», rief Herr Lowinsky, und alle drei lachten. Smeeralda drückte auf den Auslöser, und schon kurze Zeit später kam ein farbiges Foto aus dem Bauch des Krebses. Die Gäste waren sehr zufrieden und bedankten sich überschwänglich. Smeeralda wünschte ihnen einen schönen Tag und sauste in die kleine Küche, in der Coralline gerade dabei war, auf einem Teller die zweite Omelett-Portion für Herrn Lowinsky anzurichten.

Smeeralda stibitzte sich mit den Fingern die letzten Krümel aus der Pfanne. «Dein Omelett ist das beste in allen sieben Weltmeeren!», sagte sie kauend.

Ihre Mutter lächelte: «Ja, was eine Prise Plankton-Pfeffer und ein paar Löffel Jakobsmuschel-Milch ausmachen ... Da vorne liegt dein Frühstück. Beeil dich und hab einen schönen Tag!»

Smeeralda schnappte sich das liebevoll umwickelte kleine Paket, küsste ihre Mutter auf die Wange und schwamm los.

*D*ie Uhr des Rathauses zeigte bereits fünf vor acht, als sie daran vorbeikam. Smeeralda beschleunigte ihre Flossenschläge. Ihr Lehrer Herr Zweistein brummte jedem, der zu spät kam, eine Zusatzaufgabe auf, die in den Pausen erledigt werden musste. So schnell sie konnte, überquerte sie den kleinen Marktplatz mit den bunten Häusern. Dahinter lag ein Park. Wunderschöne Meerespflanzen in kräftigen Farben wuchsen darin. Eine Gruppe älterer Zebrafische machte gerade ihre Morgengymnastik und reckte und streckte die Flossen in alle Richtungen.

Um fünf Minuten nach acht erreichte Smeeralda die Schule, ein mehrstöckiges, langes Gebäude, dessen Räume in ein leuchtend rotes Korallenriff eingebettet waren. Der Schulhof war leer – die erste Stunde hatte schon begonnen.

Herr Zweistein, ein Seehund mit Schnauzbart und wilden weißen Haaren, sah Smeeralda vorwurfsvoll an, als sie in ihr Klassenzimmer schwamm. Alle anderen Kinder waren bereits über ihre Hefte gebeugt und schrieben ein Diktat. Smeeralda setzte ihr freundlichstes Lächeln auf, doch Herr Zweistein sah nur auf die Uhr, schlug das Klassenbuch auf und trug mit strenger Miene etwas darin ein. Smeeralda beeilte sich, neben ihren Freundinnen Nixe und Undine Platz zu nehmen. «Fünf Minuten Verspätung, das macht fünf zusätzliche Sätze», rief Herr Zweistein. «Wir sehen uns in der Pause!»

Smeeralda seufzte. Undine, die ihre langen roten Haare heute zu einem Pferdeschwanz hochgebunden hatte, verdrehte die Augen. Sie waren mandelförmig und tiefgrün. Smeeralda fand ihre Freundin wunderschön. Auch Nixe, die einen frechen braunen Kurzhaarschnitt und hellblaue, blitzende Augen hatte, schüttelte den Kopf. «Kann er nicht mal drei Tage vor den Ferien entspannt sein?», flüsterte sie.

Herr Zweistein klopfte mit der Flosse auf die Tischplatte. «Ruhe, bitte! Wir fahren mit dem Diktat fort. ‹Der Buckelwal ist ein Vertreter der Furchenwale ...›», diktierte er.

In der großen Pause warteten die beiden Freundinnen bereits an ihrem Lieblingsfelsen, als Smeeralda endlich aus dem Schulgebäude kam. «Ich wusste nicht, dass fünf Sätze so lang sein können!», rief sie gequält.

«Habt ihr schon gehört?», fragte Nixe. «In den Ferien kommt endlich wieder eine Kirmes in die Stadt. Bei uns in der Straße hängen Plakate.»

«Oh, du meinst, mit dem tollen Oktopus-Karussell und der Delfin-Achterbahn?», fragte Undine mit leuchtenden Augen. «Ich liebe Achterbahnen!»

«Ich auch», rief Smeeralda. «Man bekommt immer so schön Bauchkribbeln davon! Aber das Beste an den ganzen Ferien ist das Ausschlafen.»

Nixe nickte. «Ich werde meinen Wecker ganz tief im Sand verbuddeln! Am besten so, dass ich ihn auch nach den Ferien nicht mehr höre.» Die drei lachten. «Übrigens hat meine Mutter erlaubt, dass wir am letzten Schultag bei mir die Übernachtungsparty machen.»

«Cool!», rief Undine.

«Und meine Mutter hat gestern ein neues Rezept für meergrüne Muffins ausprobiert. Die schmecken himmlisch! Ich backe uns welche und bringe sie zur Party mit», versprach Smeeralda.

Viel zu schnell ertönte der Pausengong und beendete ihre fröhliche Partyplanung.

*A*ls Smeeralda mittags nach Hause kam, ließ sie fröhlich ihre Schultasche in eine Ecke des Flurs fallen.

«Schatz, was sollen die Gäste denken?», rief Coralline aus der Küche. Smeeralda grinste. Ihre Mutter hatte ihre Augen und Ohren wirklich überall. Smeeralda hob die Tasche auf und nahm sie mit in die Küche. «Hallo, Mama.»

«Hallo, Liebes», antwortete die Mutter und warf ihr eine Kusshand zu. Duftende Algenbratlinge brutzelten in zwei großen Pfannen auf dem Herd. Coralline war gerade dabei, auf einem großen Tablett mehrere Schüsselchen mit frischen Salatblättern und klein geschnittenem Seegras zu befüllen. Über jede Schüssel gab sie ein paar Löffel von einem korallenfarbenen Dressing.

Von der Terrasse war fröhliches Geplapper zu hören. Durch das Fenster erkannte Smeeralda eine Clownfisch-Familie, ein junges Krebs-Pärchen und zwei betagte Rochen-Damen. Die beiden schlürften genüsslich ein blaugrünes Getränk mit Eiswürfeln.

«Setz dich schon mal hin. Ich bringe den Gästen nur noch schnell den Salat – und dann habe ich eine Überraschung für dich!», meinte Coralline strahlend. Sie sah anders aus als sonst, fand Smeeralda. Noch fröhlicher. Was war los? Und was für eine Überraschung konnte das wohl sein?

Neugierig setzte sich das Meermädchen. Ihre Mutter verließ mit den Salaten die Küche und kam kurze Zeit später mit leerem Tablett wieder herein. Sie stellte es ab, nahm einen großen bunt bedruckten Umschlag von der Anrichte und reichte ihn Smeeralda mit einem Lächeln. «Das ist die Überraschung!»

Auf dem Umschlag waren sommerliche Fotos mit Liegestühlen und Sonnenschirmen zu sehen sowie wunderschöne Meereshäuser mit Gärten, in denen Fischkinder Sandburgen bauten.

«Verreisen wir etwa?», fragte Smeeralda ungläubig. «Du hast doch gesagt, wir können nicht wegfahren, weil wir die ganzen Ferien über Gäste haben.»

Coralline setzte sich zu ihr und schüttelte den Kopf. «Wir fahren nicht weg. Wir ziehen um!» Sie griff in den Umschlag und zog eine edle Mappe heraus: Ein dunkler Einband hielt einen Stapel glänzend bedruckter Algenblätter zusammen. Auf der ersten Seite war ein Hai mit schwarzer Sonnenbrille und Schmalzlocke abgebildet, der von einer Kieme zur anderen lächelte und mit einem Schlüsselbund in der Flosse klimperte. *Ob Schneckenhaus oder Schloss: Ihr Immobilien-Hai findet für Sie das Haus Ihrer Träume!* stand da zu lesen.

Smeeralda fand, dass der Hai ziemlich eingebildet

aussah. Und hatte sie richtig gehört? «Wir ziehen um?» Was hatte das alles zu bedeuten?

Coralline half ihr auf die Sprünge. «Erinnerst du dich? Ich habe mich doch vor einigen Wochen für den Kauf des Grandhotels ‹17 Wellen› beworben», sagte sie. «Heute habe ich per Post die Zusage bekommen! Es gab über 500 Interessenten. Und wir wurden genommen, du und ich! Was sagst du dazu?»

Smeeralda sagte erst einmal nichts. Sie wusste, dass Coralline schon seit Jahren den großen Traum hatte, ein Hotel zu eröffnen, weil die Pension zu klein geworden war. Aber ein Umzug? An den Gedanken musste sich das Meermädchen erst einmal gewöhnen.

Die Fotos von dem Grandhotel, die der Mappe beilagen, wirkten sehr nobel. Das weiß getünchte große

Haus hatte mehrere Stockwerke, die in ein leuchtend rotes Korallenriff eingebettet waren. Alles strahlte in hellen, angenehmen Farben. Von den Balkonen winkten fröhliche Gästefische. An einem Pool in einem großen, schön angelegten Garten lagen weitere Gäste, die entspannt die Augen geschlossen hatten oder Cocktails schlürften.

«Nun sag doch was!», drängte Coralline. «Gefällt es dir etwa nicht?»

«Doch, doch, es sieht sehr schön aus», beeilte sich Smeeralda zu antworten. Sehr begeistert klang sie allerdings nicht. Von einer Klassenkameradin wusste sie, dass ein Umzug viel Arbeit machte. Man musste alles, was man besaß, in Kisten verpacken und am neuen Ort wieder ausräumen «Aber, was ist mit unserem Zuhause hier?», fragte sie nachdenklich. «Und mit allen Gästen, die über die Ferien hier in die Pension kommen wollen?»

Coralline ergriff ihre Hand. «Wir verkaufen dieses Haus. Das wird ganz schnell gehen. Der Immobilien-Hai hilft mir dabei. Und den Gästen habe ich zum Teil schon Bescheid gegeben. Sie sind ganz begeistert von meinem Angebot und haben mir versprochen, statt hierher einfach ins neue Grandhotel zu kommen! Ich habe ihnen die Zimmer zum gleichen Preis angeboten. Es wird alles ganz wunderbar, du wirst sehen. Und du darfst dir natürlich das größte und schönste Zimmer in den ‹17 Wellen› aussuchen. In Ordnung?»

Smeeralda nickte langsam. «Was heißt eigentlich ‹Grand...›?», fragte sie.

«Das heißt großartig», erklärte Coralline. «Und unser neues Leben wird genau das werden: einfach großartig!» Sie breitete die Arme aus. «Ich könnte das ganze Meer umarmen. Heute ist der schönste Tag meines Lebens!»

Smeeralda versuchte ein Lächeln, weil sie ihrer Mutter die Freude nicht verderben wollte. «Wann ziehen wir denn um?», fragte sie.

«Am ersten Ferientag», rief Coralline fröhlich.

Smeeralda erschrak. «Aber – das ist ja schon in drei Tagen!»

Coralline nickte. «Ja, das Hotel ist ganz frisch renoviert und fertig eingerichtet. Wir können sofort loslegen. Das ist mir auch sehr recht, denn in den Sommerferien ist Hochsaison, wie du weißt. Da kommen die meisten Gäste, und ich möchte keine Zeit verlieren. Wenn alles klappt, wie ich mir das vorstelle, dann können wir schon in einer Woche eröffnen!»

Smeeralda schluckte. Plötzlich hatte sie einen Kloß im Hals. Sie dachte an die geplante Party mit ihren Freundinnen, die Kirmesbesuche und die Ferien, die jetzt keine gemeinsamen mehr waren. Wie sich alles von einem Moment auf den anderen verändern konnte ... Der Gedanke, ihr geliebtes Zuhause zu verlassen, behagte ihr gar nicht.

«Wo liegt denn das Hotel eigentlich?», fragte sie mit

Blick auf die bunten Bilder im Prospekt. «Muss ich nach den Ferien den Wal-Bus nehmen, um zur Schule zu kommen?», fragte sie.

Bei dieser Frage wurde Corallines Gesicht ernst. Sie nahm Smeeraldas Hand. «Schatz ... Das Grandhotel ‹17 Wellen› ist nicht hier in der Gegend. Du wirst nach den Ferien auf eine andere Schule gehen.»

Smeeralda starrte ihre Mutter entsetzt an. «Eine andere Schule? Wir ziehen so weit weg?» Sie überlegte fieberhaft. «Aber ich kann Nixe und Undine doch wenigstens an den Wochenenden sehen, oder etwa nicht?» Voller Sorge sah sie Coralline an.

Doch die schüttelte bedauernd den Kopf. «Das wird leider nicht gehen. Unser neues Zuhause liegt in einem südlicheren Teil des Meeres.»

Smeeralda schnappte nach Luft. «In einem südl...?! Aber das geht nicht ... Das ist unmöglich!», platzte es aus ihr heraus. Sie war den Tränen nahe.

Coralline drückte ihre Hand. Sie nickte. «Ich weiß, dass das nicht leicht für dich ist. Es ist für uns beide ein großer Schritt. Und ich bin mir bewusst, dass alles jetzt sehr schnell für dich kommt. Ich hoffe, du kannst mich verstehen. Eine solche Chance bekommt man nur einmal im Leben.»

Plötzlich sah sie zum Herd, von dem es verdächtig qualmte. «Die Bratlinge! Warte einen Augenblick.» Sie schwamm auf und drehte in Windeseile alle Herdplatten ab. Dann verteilte sie die Bratlinge auf große Teller, die schon bereitstanden und mit einem Sträußchen Meerespetersilie garniert waren. Zum Schluss gab sie auf jeden der Teller noch etwas gedünsteten Meeresspargel.

Smeeralda saß am Tisch und starrte wortlos vor sich hin. Sie hatte das Gefühl, mit dem Stuhl und dem Tisch verwachsen zu sein und sich nicht von der Stelle bewegen zu können. War das alles nur ein Traum? Würde sie gleich aufwachen und alles wäre gut? Doch ein Gefühl sagte ihr, dass das hier kein Traum war. Was würde bloß aus ihr und ihren Freundinnen werden?

Während Coralline zügig mehrmals von der Küche zur Terrasse eilte, um allen Gästen die warmen Speisen zu servieren, schwamm Smeeralda langsam hinauf in ihr Zimmer. Oben angekommen warf sie sich auf ihr Bett, drückte den Kopf in ihre Kissen und weinte.

Als Coralline ein wenig später an ihre Tür klopfte und mit ihr sprechen wollte, gab Smeeralda keine Antwort.

Auch Smeeraldas Freundinnen waren bestürzt, als sie ihnen am Nachmittag davon berichtete, dass ihre schöne Party sowie die Ferien schon ins Wasser gefallen waren, ehe sie begonnen hatten. Die drei saßen auf dem kleinen Marktplatz und tranken einen Muschelcreme-Shake. Alle ließen traurig die Flossen hängen. Nixe hatte den Arm um Smeeralda gelegt. «Wir werden immer Freundinnen sein. Und wir werden dich so bald wie möglich besuchen kommen!», versprach sie ihrer Freundin.

Auch Undine nickte. «Kein Meer ist zu weit, als dass wir uns nicht sehen können!»

Smeeralda nickte und wischte sich eine Träne von der Wange. «Immerhin gibt es starkes Wellen-LAN im Hotel. So steht es zumindest in der Broschüre», sagte sie.

«Wenigstens etwas», meinte Undine. «Dann können wir uns jeden Tag anrufen. Von morgens bis abends!»

«Nur nicht gerade im Unterricht von Herrn Zweistein!», rief Nixe. «*Fünf Extrasätze für fünf Minuten telefonieren!*», äffte sie die Stimme des Lehrers nach. Bei ihrer Bemerkung mussten die anderen beiden trotz der trostlosen Lage lächeln.

ZWEI

Die Reise mit dem Wal

~~~

Ein paar Tage später war es so weit. Viele Freunde von Coralline und Smeeralda hatten sich bereit erklärt zu helfen. Mit vereinten Flossen hatten sie alles, was Smeeralda und Coralline mitnehmen wollten, in Kisten und Kästen gepackt. Die Umzugsfirma, die aus einer Flotte riesiger Kraken bestand, kam pünktlich am frühen Morgen des ersten Ferientags, um die Sachen an den neuen Ort zu transportieren.

Es war Smeeralda und Coralline nicht leichtgefallen, noch einmal durch die ganze Pension zu schwimmen, einen letzten Blick in alle Zimmer zu werfen und die Haustür für immer zu schließen. Wer würde jetzt wohl in ihrem Zimmer schlafen, aus ihrem Fenster hinaus aufs Meer schauen ...? Tränen kullerten Smeeralda über die Wangen, während sie an der Haltestelle auf den Wal-Bus warteten. Wie kleine Perlen lösten sich die Tränen immer wieder aus ihren Augenwinkeln, sosehr sie versuchte, sie herunterzuschlucken. Auch Coralline war still und hatte den Arm um Smeeralda gelegt.

Dann hielt der riesige Wal vor ihnen. Der Gästebe-

reich bestand aus einem großen, lang gezogenen Metallkorb mit Fenstern, der unter dem Bauch des Tieres angehängt war. Coralline und Smeeralda nahmen ihre Koffer, stiegen ein und setzten sich zu einem nett aussehenden älteren Walross-Herrn. Er trug einen Zylinder und las Zeitung. Smeeralda grüßte ihn freundlich und setzte sich ihm gegenüber. Coralline nahm neben ihrer Tochter Platz. Ihr gegenüber fand sich eine Barsch-Mutter ein, die ihre vielen Kinder auf die umliegenden Sitze verteilte. Mutter wie Kinder riefen laut durcheinander.

Coralline war sehr erschöpft von allen Umzugsvorbereitungen und schloss schon bald die Augen. Smeeralda sah aus dem Fenster.

«Hab dich! Hab dich!», riefen zwei Barsch-Kinder, die im Gang Fangen spielten. Ihre Mutter ermahnte sie, leiser zu sein und Rücksicht auf die anderen Mitreisenden zu nehmen. Ein Tintenfisch-Paar, das hinter Smeeralda saß und das sie nicht sehen, aber hören konnte, erzählte einem Sitznachbarn von ihrem letzten Ausflug in den Indischen Ozean und wie schön es dort gewesen sei. Auch jetzt hatten sie wieder einen längeren Urlaub vor, auf den sie sich sehr freuten.

Wenn man in Urlaub fährt, dann kommt man danach wieder nach Hause, dachte Smeeralda. *Wir kommen nicht mehr zurück.* Der Gedanke erfüllte sie mit Wehmut. Nixe und Undine hatten ihr wunderschöne Abschiedsgeschenke gebastelt: eine lange Muschelkette und ein Kissen, das sie selbst bemalt und mit vielen guten Wünschen für die kommende Zeit beschrieben hatten. Smeeralda trug die Kette um den Hals und hatte sich vorgenommen, das Kissen ab jetzt als Kopfkissen zu benutzen. Durch den Wal-Bus fuhr ein plötzlicher Ruck. Erschrockene Aufschreie waren zu hören. Die Barsch-Kinder purzelten alle durcheinander, fanden das jedoch sehr lustig. «Kinder, setzt euch hin und schnallt euch an. Es gibt Turbulenzen!», rief ihre Mutter besorgt. Gehorsam schwammen sie zu ihren Plätzen. Auch Smeeralda schnallte sich lieber an, während der Wal sie sicher durch die Strömungen navigierte. Von Zeit zu Zeit musste er herannahenden Wellenfeldern ausweichen, indem er mit seiner Nase in die Höhe stieg und sie danach wieder senkte. Koffer und Taschen, die niemand festhielt, rutschten quer über die Gänge. Eine ältere Qualle, die neben der Barsch-Mutter saß, wurde einen Moment lang grün im Gesicht. Alle Reisenden atmeten auf, als das Fahrwasser wieder ruhiger wurde und der Wal gemächlich seine Reise fortsetzte.

Der Walross-Herr faltete seine Zeitung zusammen. Die Turbulenzen schienen ihm nichts ausgemacht zu haben. Er öffnete seine Aktentasche, packte eine große Dose mit Keksen aus und bot sie Smeeralda an. «Greif zu. Nimm so viele, wie du magst!»

Doch das Meermädchen hatte keinen Hunger. Unbekümmert verschlang der Herr gleich drei Kekse auf einmal.

«Du wirkst so traurig», meinte er nach einer Weile

und sah sie prüfend an. «Gibt es gar nichts, das dich aufheitern kann?» Sein Lächeln war freundlich und teilnahmsvoll. Doch Smeeralda schüttelte den Kopf. Was sollte sie sagen? Dass es ihr in Wahrheit viel lieber gewesen wäre, die Ferien mit ihren Freundinnen zu beginnen als im Bauch eines Wals?

«Wohin geht die Reise denn, wenn ich fragen darf?», erkundigte sich das Walross.

«In den Süden», antwortete Smeeralda und musste sich zusammenreißen, um nicht laut zu seufzen. Wie der Ort genau hieß, in dem das Hotel lag, wusste sie selbst nicht. Sie hatte ihre Mutter nicht gefragt.

«In den Süden ...», sagte ihr Gegenüber. Sein Gesicht hellte sich auf. «Das ist gut!»

Smeeralda verstand nicht, was er meinte. «Warum?»

«Nun, an einem neuen Ort können neue Dinge geschehen», fuhr das Walross fort und schnappte sich noch zwei Kekse. Kauend sah es Smeeralda an, als wollte es noch etwas sagen.

In dem Moment wurde Coralline wach. Sie streckte sich und sah sich um. «Wie lange fahren wir noch?», fragte sie.

«Acht Stunden», antwortete die Barsch-Mutter.

Smeeralda seufzte. Acht lange Stunden noch ...

Das Walross packte seine Keksdose wieder ein und holte stattdessen ein Notizbuch sowie einen schillernden Füller hervor. «Hier, die schenke ich dir», sagte er und reichte Smeeralda beides.

Das Meermädchen sah ihn überrascht an.

«Du darfst sie nehmen, wenn der Herr sie dir anbietet», ermunterte ihre Mutter sie.

Smeeralda nahm das Buch, das mit wunderschön schillernden Muscheln besetzt war, und den edlen Füller vorsichtig entgegen. «Danke!», sagte sie zu dem Walross-Herrn.

«Keine Ursache. Wenn man etwas Neues beginnt, hat man viele Gedanken. Vielleicht magst du sie ja aufschreiben.»

Smeeralda betrachtete die beiden Geschenke staunend. «Brauchen Sie sie denn nicht mehr?», fragte sie.

Das Walross schüttelte den Kopf. «Es gibt für jeden Gegenstand den perfekten Moment, ihn in andere gute Hände zu geben. Und dieser Moment ist jetzt.» Er lächelte zufrieden.

Smeeralda nickte und bedankte sich ein zweites Mal. Sie bekam sogar ein Lächeln hin trotz ihrer Traurigkeit.

«Kopf hoch», ermunterte sie das Walross. «Es gibt trübe und klare Tage im Meer. Wellen kommen und gehen. Schreib einfach in den kommenden Wochen jeden Tag ein paar Zeilen hinein. Wenn du eines Tages zurückschaust und in dem Buch liest, wirst du dich wundern. Wir machen uns oft unnötige Sorgen.»

Smeeralda nickte. Sie spürte, wie Tränen in ihren Augenwinkeln aufstiegen. Zum Glück war das Walross schon wieder hinter seiner Zeitung verschwunden.

«Wohin fahren Sie denn?», erkundigte sich die Barsch-Mutter in diesem Moment neugierig bei Coralline.

«Zum Grandhotel ‹17 Wellen›», erwiderte Smeeraldas Mutter.

«Machen Sie Urlaub?»

«Nein, das Hotel gehört jetzt uns», antwortete Coralline voller Freude und Stolz.

«Oh, das ist ja interessant! Wobei …» Die Barsch-Mutter kam plötzlich mit ihrem Gesicht so nah zu Coralline herüber, dass Smeeralda gerade eben noch hören konnte, was sie sagte: «Eine Cousine von mir hat vor vielen Jahren in dem Hotel gearbeitet. Es war ja in allen Weltmeeren berühmt. Aber wegen den vielen schlimmen Dingen, die passiert sind, steht das Hotel inzwischen leer. Es rottet sozusagen vor sich hin.»

Coralline lächelte. «Ich glaube, wir sprechen nicht von demselben Hotel. Das Grandhotel ‹17 Wellen›, das ich meine, ist frisch renoviert. Da verrottet gar nichts.»

Die Barsch-Mutter schüttelte energisch den Kopf. «Es gibt nur *ein* Hotel, das so heißt. Glauben Sie mir. Und das, was geschehen ist, war wirklich schrecklich! Kein Gast wollte mehr bleiben.»

Coralline sah Smeeralda an und zwinkerte ihr zu. Da in diesem Moment drei der Barsch-Kinder angeschwommen kamen und ihre Mutter um Algen-Bonbons anbettelten, beugte Coralline sich zu Smeeralda und flüsterte: «Das ist sicher nur ein Märchen. Manche Fische reden wirklich viel, wenn der Tag lang ist.»

In dem Moment kam der Wal-Bus zum Stehen und verkündete den Namen der Haltestation. Die Barsch-Mutter erhob sich schnell. «Oh, wir müssen raus!» Sie scheuchte ihre Kinder auf und rief ihnen zu, ihre Rucksäcke aufzusetzen.

Bevor sie zum Ausgang schwamm, drehte die Mutter sich noch einmal zu Coralline um. «Alles Gute! Und denken Sie an meine Worte. In dem Hotel passieren schlimme Dinge!»

Coralline nickte freundlich. «Gute Weiterreise.» Zu ihrer Tochter sagte sie leise: «So ein Unsinn!»

Smeeralda fiel auf, dass das Walross für einen kurzen Moment seine Zeitung mit der Flosse einknickte und Coralline besorgt ansah. Doch er sagte nichts.

DREI

Total verfallen

~~~

*D*ie Weiterfahrt kam Smeeralda sehr lang vor. Die Sitze waren zwar bequem und die Snacks, die es zwischendurch gab, überaus köstlich. Dennoch waren Smeeralda und Coralline froh, als sie ihr Ziel endlich erreichten. Sie waren die letzten Reisenden, die aus dem Korb des Wal-Busses stiegen. Mit kräftigen Flossenschlägen entfernte sich das große Tier, bis nur noch ein dunkler Punkt am Meereshorizont zu sehen war.

Coralline reckte und streckte sich. «Geschafft! Im wahrsten Sinne des Wortes. Aber jetzt sind wir da.» Sie lächelte Smeeralda voller Vorfreude an. Die nickte nur knapp. Sie konnte sich vor Müdigkeit kaum noch auf ihrer Flosse halten.

Ihre Mutter schwamm ein Stück voraus. Das Wasser war trüb, und die Gegend wirkte verlassen. Sie schwammen an einem scharfkantigen Riff entlang. «Eigentlich müsste es gleich hier sein», meinte Coralline.

Neben ihnen tauchte ein Berg von Umzugskisten und kleineren Möbeln auf. «Hier sind unsere Sachen! Aber warum haben die Umzugskraken denn nicht gleich alles ins Hotel hineingebracht? Und wo sind die ‹17 Wellen› überhaupt? Man kann das Hotel gar nicht sehen. Seltsam. Weit kann es doch nicht sein ...» Coralline holte einen Plan aus ihrer Umhängetasche.

«Ähm, Mama», rief Smeeralda, die etwas dichter an das Riff herangeschwommen war und allmählich etwas erkennen konnte. «Komm mal her. Ich glaube, es ist hier.» Sie zeigte auf das Riff.

Coralline folgte ihr. Eingebettet in den zerklüfteten Felsen waren einzelne Zimmer und Stockwerke zu erkennen. «Nein, das ist unmöglich. Das kann nicht sein!», rief sie. Sie zog den Werbeprospekt des Immobilien-Hais aus ihrer Tasche. «Die Größe stimmt. Aber warum sieht alles so ganz anders aus? Ich glaube, die Kraken haben sich in der Adresse geirrt. Sicher ist unser Hotel hier gleich um die Ecke ...» Sie schwamm weiter am Riff entlang.

Doch Smeeralda hatte noch etwas entdeckt: ein verwittertes Schild, das schief auf einem Holzpflock im Sand steckte. Darauf war ein Pfeil gemalt. Ein paar Buchstaben waren gerade noch zu erkennen. «...R...NDHOT...L ...7 ...ELL...N», las Smeeralda laut. Der Pfeil zeigte direkt auf das heruntergekommene Gebäude. «Mama? Ich glaube, du solltest noch mal zurückkommen.»

Als Coralline wieder neben ihr auftauchte, deutete Smeeralda auf das Schild. «Du brauchst nicht weitersuchen.»

Coralline starrte fassungslos vom Schild zum Hotel und wieder zurück. «Das ... soll das Grandhotel sein?», fragte sie tonlos.

Sie musste sich auf einen großen Stein setzen, der auf dem Meeresgrund lag. Ganz in der Nähe türmten sich ihre Möbel, Kisten und Koffer, in denen alles war, was sie noch besaßen.

«Was machen wir denn jetzt?», fragte Smeeralda nach einer Weile.

Coralline seufzte. «In unser altes Zuhause zurück können wir nicht mehr. Der nächste Wal-Bus in unsere Stadt geht erst in einer Woche. Außerdem müssen wir die ganzen Sachen so schnell wie möglich unterbringen.» Sie deutete auf den Berg und erhob sich. «In dem Brief stand, dass wir den Schlüssel im Pförtnerhäuschen bekommen. Wir holen ihn, und dann sehen wir uns alles an. Vielleicht ist es innen drin gar nicht so schlimm wie von außen.»

Viel Hoffnung hatte sie allerdings nicht, wie Smeeralda an ihrer Stimme hören konnte. Gemeinsam schwammen sie auf das Hotel zu.

«Siehst du ein Pförtnerhäuschen?», fragte Coralline, als sie dem Eingang des Hotels näher kamen. Auch hier war das Wasser trüb und erschwerte ihnen die Sicht.

«Könnte es das hier sein?», fragte Smeeralda. Sie deutete auf einen winzigen Verschlag neben der breiten Treppe. Die beiden schwammen darauf zu.

«Hallo? Ist da jemand?», rief Coralline hinein. Keine

Antwort. Es blieb ihnen nichts anderes übrig, als weiterzusuchen.

«Ich schwimme links um das Hotel herum, du rechts», schlug Smeeralda vor. Coralline nickte und entfernte sich. Das Riff wirkte wie ausgestorben. So, als hätte seit Urzeiten kein lebendes Wesen mehr seine Flossen hierherbewegt. *Kein Vergleich zu unserer fröhlichen, bunten Stadt*, dachte Smeeralda.

Sie musste langsam schwimmen, um sich nicht an den plötzlich auftauchenden scharfen Kanten und Felsspitzen zu verletzen. Aus einer tiefen Spalte stiegen kleine Bläschen auf. Das Meermädchen schwamm näher. «Hallo, ist da jemand?» Die Bläschen versiegten. Kurze Zeit später stiegen sie wieder auf. «Hallo?», rief sie lauter.

Plötzlich ertönte ein wütender Aufschrei. «Was ist denn das für ein Lärm?!» Es dauerte eine Weile, bis Smeeralda den älteren Krebs sah, der sich zwischen den Gesteinsschichten hervorwand. «Wer stört? Ich habe gerade Pause!», schrie er erbost und rückte mit einer Schere seine schiefe Brille gerade. Sie verrutschte erneut.

«Guten Tag», begrüßte Smeeralda ihn höflich.

Der Krebs klapperte mit seinen Scheren. «Verflixt. Die Dinger schlafen mir immer ein.»

«Meine Mutter und ich sind die neuen Besitzer des Grandhotels», fuhr das Meermädchen fort. «Bekommen wir von Ihnen den Schlüssel für die Eingangstür?»

«Schlüssel?» Der Krebs sah sie lange an und dachte nach. Smeeralda befürchtete, er wäre mit offenen Augen wieder eingeschlafen. «Ja, da war was ...», erinnerte sich das Krustentier schließlich. Es kratzte sich mit einer Schere am Kopf. «Wo hab ich die bloß hingelegt?» Sehr langsam tastete sich der Krebs an der Felswand entlang. Er hob hier und da ein paar lose Steine hoch, schob Algen beiseite ... «Hier? Nein ... Vielleicht da? Auch nicht ...»

Smeeralda, die von der Reise todmüde war, verlor allmählich die Geduld.

«Ah, da ist er ja!», rief der Pförtnerkrebs plötzlich und zog einen völlig von Algen überwucherten Schlüsselbund aus einer Riffspalte. Er befreite ihn von den gröbsten Algenfäden und überreichte ihn Smeeralda. «Herzlich willkommen und viel Glück! Die letzten Besitzer sind alle nach kurzer Zeit wieder abgereist. Kein Wunder, wenn du mich fragst.»

Smeeralda verzog das Gesicht. Das war nicht das, was man über sein neues Zuhause gern hörte. Schnell machte sie, dass sie zurück zum Hotel kam.

Ihre Mutter schwamm vor der Treppe auf und ab und drückte auf ihrem Telefon herum, das die Form einer Meerjungfrauen-Flosse hatte. «So was Dummes, ich kann den Immobilien-Hai nicht erreichen! Es gibt hier überhaupt keinen Empfang. Was machen wir denn jetzt?»

«Reingehen?» Smeeralda klimperte mit dem Schlüsselbund.

Coralline atmete erleichtert auf. «Wo hast du ihn gefunden?»

Smeeralda erzählte ihrer Mutter von der Begegnung mit dem Pförtner-Krebs. Coralline war erleichtert, steckte den Schlüssel in das große Türschloss und drehte ihn lächelnd herum. «Ich bin so gespannt, wie alles drinnen aussieht!» Doch schon im nächsten Moment verging ihr das Lächeln. Denn im Inneren des Grandhotels sah es genauso trostlos aus wie draußen: Der Algenteppich, der die breite, geschwungene Treppe sicher einmal sehr hübsch geschmückt hatte, war an vielen Stellen abgewetzt und hatte sich von den Stufen gelöst. Der Fußboden, einst edler Marmor, war von zahlreichen Muscheln und Seepocken als neues Zuhause entdeckt worden. Eine große Menge Sand war durch Fugen und Ritzen hereingeweht und hatte sich wie ein gelber Schleier über die Sitzmöbel und Lampen gelegt wie auch über den riesigen Kronleuchter, der von der Decke hing ... Sogar auf der Theke der Bar im linken Bereich des Foyers lagen unzählige Sandkörner. Von Glanz und Gloria, die dieses Haus einmal verströmt haben musste, war nichts mehr zu spüren.

Die geschwungene Rezeption aus dunklem Holz war unbesetzt und ebenfalls von Sand eingehüllt. Nur der Schreibtisch dahinter und der dazugehörige Drehstuhl waren erstaunlich blank, als hätte bis vor Kurzem noch jemand daran gesessen. Über dem Schreibtisch an der Wand hingen an verrosteten, krummen Haken die Zimmerschlüssel. Drei fehlten. Wohnte hier jemand, oder waren sie verloren gegangen?

«Das ist ja der reinste Albtraum!», stöhnte Coralline, die sich auf einen der großen Ohrensessel fallen lassen wollte, aber erschrocken wieder hochschnellte, als sich ein Rochen unter ihr bemerkbar machte. Schimpfend segelte der Fisch quer durch das Foyer und schwamm durch die offene Tür ins Freie. «Bitte kneif mich und sag, dass ich bloß träume», bat sie Smeeralda.

Doch die schüttelte den Kopf.

«Ich fürchte, das ist kein Traum.»

«Es wird ein Vermögen kosten und eine Ewigkeit dauern, dieses Hotel wieder auf Vordermann zu bringen. Was hab ich bloß getan?», murmelte Coralline, mehr zu sich als zu ihrer Tochter. «Dieser Hai hat mir einen Supersonderpreis angeboten, wenn ich mich schnell entscheide und unterschreibe.»

Smeeralda seufzte. Sie hätte ihre Mutter gern getröstet, aber ihr fielen keine passenden Worte ein.

Nach einer Weile stand Coralline auf. «Vom Rumsitzen wird es auch nicht besser. Komm, wir sehen uns den Rest an.»

Gemeinsam schwammen sie die breite Treppe hinauf.

VIER

Azuro und der Algenwald

~~~

Smeeralda und Coralline schauten in mehrere Zimmer auf verschiedenen Stockwerken hinein. Derjenige, der das Hotel gebaut hatte, war sehr kreativ gewesen: Die insgesamt neun Stockwerke hatten keine Nummern, sondern waren nach Meerestieren benannt: Es gab die Muschel-Etage, die Krebs-Etage und die Langusten-Etage. Weiter oben folgten die Quallen-Etage, die Tintenfisch-Etage, die Seehund- und die Delfin-Etage ... Das achte Stockwerk war die der Meeresschildkröten. Und die neunte und oberste Etage, von der man weit über das Meer schauen konnte, hatte die Form einer Kuppel und trug den Namen «Wal-Suite».

Die Farben der Zimmer und Flure erinnerten an die jeweiligen Tiere: Die Langusten-Etage war in Rot- und Orangetönen gehalten, die der Quallen in zartem Weiß und Pastellblau. Bei den Tintenfischen wiederum fand man viel Lila, Dunkelblau und Grau. Früher waren die Farben sicher kräftig und voller Leuchtkraft gewesen, doch jetzt wirkten sie stark verblasst und waren nur noch zu erahnen.

Sandhäufchen, die die Wellen durch offen stehende Fenster hereingeweht hatten, lagen überall auf den Böden. Das Einzige, was Smeeralda begeisterte, war die Form der Betten, die an große Muscheln erinnerten. In jedem Zimmer standen eines oder mehrere davon. Fantasievolle Muschel- und Seeschnecken-Ornamente verzierten auch die Spiegel in den Badezimmern.

In einem Zimmer der Delfin-Etage ließ sich Smeeralda auf einer Fensterbank nieder und schaute hinaus. Ihre Mutter war in eines der nächsten Zimmer weitergeschwommen. Mehrmals versuchte sie, ihre Freundinnen anzurufen, aber ohne Erfolg. Im ganzen Hotel schien es keinen Empfang zu geben.

War der dunkle Bereich, den sie da draußen sah, vielleicht der Algenwald, von dem die Barsch-Mutter gesprochen hatte? Er sah unheimlich aus mit seinen langen schwarzen Algenfäden, die meterhoch wuchsen. Trotzdem konnte sie den Blick nicht davon abwenden. Sie beschloss, dass das Zimmer, in dem sie gerade saß, ihr neues Zimmer werden sollte. Wenigstens so lange, bis sie und Coralline entschieden hatten, wie es mit dem Hotel weiterging.

Über ihrem Bett, das viel größer war als das in ihrer Pension, konnte man die Zeichnung eines Delfins erkennen. Smeeralda liebte Delfine. Auch wenn die Farbe an einigen Stellen abgeblättert war, wirkte das Bild wunderschön und beruhigend, fand sie.

Ihr Blick fiel wieder auf den Algenwald. Täuschte sie

sich, oder kam aus dem Inneren ein Leuchten? Smeeralda beschloss, ins Freie zu schwimmen, um nachzusehen, ob sie vom Rand des Waldes aus etwas erkennen konnte.

Unten angekommen, nahm sie den Hinterausgang der «17 Wellen». Der Garten und auch der kleine Spielplatz, die hinter dem Hotel lagen, waren von Schlingpflanzen und Meeresunkraut überwuchert. Smeeralda schwamm zügig hindurch und erreichte schon bald den Algenwald. Die langen Fäden wuchsen teilweise so hoch wie das Riff.

Ein Scheppern war zu hören. Wohnte hier jemand? Smeeralda wusste aus der Schule, dass man sich in Algenwäldern leicht verschwimmen konnte und besser nie alleine darin unterwegs war. Allerdings war der Wald zu Hause hell, freundlich und von leuchtendem Grün gewesen. Sie und ihre Freundinnen hatten gern darin Verstecken gespielt. Dieser hier wirkte dagegen richtig abweisend.

Vorsichtig schwamm das Meermädchen näher und berührte eine der langen Algen. Sie war dick und klebrig. Brrr! Das Scheppern wurde lauter, und Smeeralda meinte, eine Stimme zu hören. Sie klang verärgert. Smeeralda wollte nur kurz hinter den ersten Schlingfäden nachschauen, ob sie etwas erkennen konnte ... Wenn sie von dort nichts sah, würde sie sofort ins Hotel zurückschwimmen.

«Ich hab euch doch gesagt, dass das nichts Gutes

heißt!», hörte sie ein Keifen. Wer sprach da und mit wem? Die weibliche Stimme zeterte weiter: «Kraken bringen Möbel, und Möbel bringen neue Bewohner! Wir werden uns etwas einfallen lassen müssen!»

Smeeralda dachte nach. Meinte die Stimme etwa sie und ihre Mutter? Und was bedeutete: «Wir werden uns etwas einfallen lassen müssen»? Gern hätte sie gewusst, wer sich hinter dieser Stimme verbarg. Doch sie klang sehr unfreundlich, und Smeeralda beschloss, lieber schnell ins Hotel zurückzukehren.

Sie wandte sich um. Zum Glück war sie nicht weit in den Wald hineingeschwommen. Doch was war das? Hinter ihr erhob sich auf einmal eine Reihe von Algenfäden, die vorher nicht da gewesen war. Smeeralda drehte sich zur anderen Seite. Doch auch dort schien der Algenwald mit einem Mal sehr dicht zu sein. Sie konnte ihre eigene Hand nicht mehr vor Augen erkennen.

Ganz in der Nähe schepperte es laut. Es klang, als ob große Eisenteile aufeinandertrafen. Dann ertönte ein Quietschen wie von einer Tür, die lange nicht geölt worden war. Smeeralda spürte, wie ihr Herz vor Aufregung schneller klopfte. Keine Minute länger wollte sie in diesem Wald bleiben. Sie schwamm los. Hinter den dunklen Algenfäden wurde es sicher gleich wieder heller. Doch sie hatte sich getäuscht, die Wasserpflanzen wurden stattdessen immer dicker und klebriger. Smeeralda probierte es mit einer anderen Richtung. Ihre Gedanken überschlugen sich. *Was, wenn ich mich verirrt habe und nie wieder herauskomme? Wer findet mich dann hier? Hätte ich doch bloß meiner Mutter Bescheid gesagt!*

«Hilfe!», rief sie, so laut sie konnte. «Hört mich jemand? Ich brauche Hilfe!» Doch es kam keine Antwort. Sie sah sich um und hatte das Gefühl, von allen Seiten von den dunklen Algen umschlossen zu sein. Sie wirkten bedrohlich. Ihr Herz schlug inzwischen so laut, dass sie es in ihren eigenen Ohren hören konnte.

«Halloooo! Ist da jemand? Ich habe mich verschwommen! Wieso hört mich denn keiner? Hilfe!!!», schrie sie verzweifelt und so laut sie konnte.

Das Scheppern hatte aufgehört. «Wer ist da?!», hörte sie plötzlich die keifende Stimme rufen. «Wer wagt es, meinen Wald zu betreten?» Ängstlich sah Smeeralda sich um. Sie wollte derjenigen, die zu dieser Stimme gehörte, auf keinen Fall begegnen.

«Schscht. Sei endlich leise und komm mit!», vernahm Smeeralda eine Stimme neben sich. Im selben Moment nahm sie jemand bei der Hand und zog sie mit sich. Die fremde Hand war so groß wie ihre eigene und kräftig.

Schon wenige Atemzüge später erreichten sie das Ende des Waldes. Smeeralda war froh, das Hotel zu sehen. Und jetzt konnte sie auch erkennen, wer sie gerettet hatte: ein Meerjunge mit strubbeligem schwarzem Haar und den blauesten Augen, die Smeeralda je gesehen hatte. Sie hatten die Farbe des Ozeans an seiner dunkelsten Stelle. Dort, wo es ganz still war und

man nur noch den Tieren begegnete, die auf dem tiefen Grund ihre Ruhe haben wollten.

«Danke, dass du mich gerettet hast!», rief sie erleichtert aus. «Ich heiße Smeeralda und wohne hier mit meiner Mutter, aber vielleicht nicht für lange, denn –» Der fremde Meerjunge legte ihr seine Hand auf den Mund. Seine andere Hand hatte ihre losgelassen.

«Still, hab ich gesagt! Oder willst du, dass Furia uns entdeckt?», fragte er ernst.

«Wer ist Furia?», fragte Smeeralda leiser. Sie spürte noch seinen warmen Händedruck.

Der Meerjunge antwortete nicht gleich. Er bedeutete ihr, ihm zu folgen. Sie schwammen ein Stück weg vom Wald, durch den Hotelgarten bis zum Spielplatz. Dann erst sprach er zu ihr. «Furia ist eure Nachbarin. Sie hat immer schlechte Laune. Besser, du hältst dich von dem Wald fern, wenn du ihr nicht über den Weg schwimmen willst. Ich heiße Azuro.»

Smeeralda hätte ihn gerne noch gefragt, wo er lebte und warum diese Furia anscheinend keine neuen Nachbarn mochte, doch da war der Meerjunge schon wieder verschwunden. Schnell machte sie, dass sie zurück ins Hotel kam.

FÜNF

Eine neue Freundin
und ein abergläubischer Koch

~ ~ ~

Zurück in den «17 Wellen» hörte Smeeralda lautes Lachen und zwei Stimmen. Eine davon war Coralline – aber von wem war die andere? Smeeralda schwamm hinauf bis zur Tintenfisch-Etage, aus der die Stimmen kamen. Vorsichtig schaute sie durch eine offene Tür in ein Zimmer hinein.

Vor Coralline stand eine beleibte Tintenfisch-Dame mit lilafarbener Haut. Sie hatte schwarzes, gelocktes Haar, trug knallig roten Lippenstift und hatte auffällig lange, geschwungene Wimpern. Als sie das Meermädchen entdeckte, zeigte sie mit der Spitze eines Fangarms auf sie. «Du musst Smeeralda sein! Herzlich willkommen in den ‹17 Wellen›!», rief sie. Ehe sich Smeeralda versah, schlang die Tintenfisch-Frau zwei ihrer Fangarme um sie und drückte sie an ihren üppigen Busen.

Coralline lachte. «Smeeralda, sag Hallo zu unserer neuen Freundin Onda.»

«H-llo», brachte Smeeralda gequetscht durch die Umarmung hervor.

Zum Glück ließ Onda sie gleich wieder frei. «Schön,

dass ihr da seid! Ich dachte schon, wir würden alle hier bis zum Nimmerleinstag vermodern!» Die Tintenfisch-Dame lachte dröhnend. Ihr massiger Körper bewegte sich dabei in Wellen auf und ab.

«Onda leitet das Hotel seit vielen Jahren und hat ihren Platz nicht verlassen. Auch nicht, seit der letzte Gast gegangen ist», erklärte Coralline. Daher also der blank geputzte Schreibtisch und der saubere Stuhl unten an der Rezeption, dachte Smeeralda.

«Wenn schon so lange kein Gast mehr hier war, was haben Sie denn dann die ganze Zeit gemacht?», fragte sie. Im selben Moment überlegte sie, ob es unhöflich war, so etwas bei der ersten Begegnung zu fragen.

Doch Onda nahm es ihr nicht übel. «Oh, in einem Hotel gibt es immer etwas zu tun! Und wenn man endlich fertig ist, dann kann man vorne wieder anfangen. Das werdet ihr auch noch erleben!», rief sie und warf Coralline einen bedeutungsvollen Blick zu. «Du kannst ruhig ‹Du› zu mir sagen!», wandte sie sich wieder an Smeeralda. «Denn auch wenn ich schon ein paar Jährchen mehr als du auf dem Buckel habe, fühle ich mich noch jung und sehr beweglich!» Zur Bekräftigung wackelte sie mit ihren großen Hüften und machte eine Bewegung mit ihren Fangarmen, als ob sie tanzte. Coralline und Smeeralda mussten schmunzeln.

Onda ließ die Arme sinken und klatschte sich damit auf ihren Bauch. «Lasst uns in die Küche schwimmen und nachsehen, was es an Leckereien gibt! Ihr seid doch sicher sehr hungrig. Nach langen Reisen könnte ich jedenfalls immer einen halben Wal verdrücken!», fügte sie augenzwinkernd hinzu. Sie legte jeweils einen Arm um Smeeralda und Coralline und schob die beiden aus dem Zimmer. Gemeinsam schwammen sie die lange, gewundene Treppe hinab und folgten dem Gang hinter der Rezeption, bis sie die Hotelküche erreichten.

«Mister Five Star!», rief Onda, als sie gemeinsam durch die metallene große Schwingtür kamen. «Mister Fiiiiivvveeee Staaaarrr!!! Wo treibt sich unser Sternekoch denn jetzt schon wieder herum? Wahrscheinlich schläft er wieder wie ein Walross!»

Die Küche war riesig. Coralline bestaunte die großzügigen Arbeitsflächen und den Herd mit den unzähligen Platten. Ein großer Backofen nahm die Hälfte einer Wand ein. Außerdem gab es Unmengen an Töpfen, Pfannen, Rührlöffeln und anderen Werkzeugen.

«In den Glanzzeiten dieses Hotels haben wir hier bis zu 1000 Mahlzeiten an einem Abend gekocht», erklärte Onda stolz. Coralline war beeindruckt. «Aber das ist lange her», seufzte Onda. «Jetzt futtern nur noch Mister Five Star und ich uns durch die Speisekammer. Was nicht zu übersehen ist ...», sagte sie lachend und klopfte sich wieder auf ihren Bauch. Sie hatte die Küche durchquert und öffnete die angrenzende Speisekammer. Wobei «Kammer» nicht das richtige Wort für den großen Raum war. Sein Ende konnte Smeeralda von der Tür aus nur erahnen.

In langen Regalen lagerten Speisen, Kräuter und Gewürze. Onda schwamm an einigen Reihen vorbei, bis sie ein Schnarchen vernahmen. Es kam aus der Mitte eines Ganges. Ein großer Seestern saß am Boden und machte ein Nickerchen. Sein Kopf war auf die Brust gefallen, sodass man sein Gesicht nicht sah.

«Schluss mit Schläfchen!», rief Onda. «Es gibt Aaaarbeit! Alle Mann an die Töpfe!!!» Sie pikte dem Seestern, der sich immer noch nicht rührte, mehrmals mit der Spitze eines Fangarmes in den Bauch.

Der Seestern schreckte kichernd aus dem Schlaf hoch. «Du weißt doch, dass ich kitzelig bin!» Erst jetzt sah er Smeeralda und Coralline. So schnell es seine Größe zuließ, sprang er auf. Unter seinem Hinterteil kam ein viel zu kleiner Liegestuhl zum Vorschein. «Hallohalli-hallo!», rief er und streckte Smeeralda und Coralline gleichzeitig seine beiden Hände hin. Jede von ihnen ergriff eine und schüttelte sie.

Smeeralda mochte Mister Five Star sofort.

«Waren Sie einmal ein berühmter Koch?», fragte sie. «Five Star» hieß «fünf Sterne» im Englischen. Sie hatte im Unterricht auch gehört, dass die Bezeichnung fünf Sterne für besonders gute Restaurants verwendet wurde.

Mister Five Star wiegte den Kopf, der im Verhältnis zu seinem Körper eher klein wirkte. «Nun ja, vielleicht nicht auf der ganzen Welt berühmt, aber ...»

«Sei nicht immer so schüchtern!», rief Onda. «Er hat

den Wal von Persien bekocht!», erklärte sie Smeeralda und ihrer Mutter. Und an den Seestern gewandt: «Du warst der beste Koch, dem ich auf all meinen Reisen begegnet bin, und das waren viele. Sonst hätte ich dich auch nicht ins Grandhotel ‹17 Wellen› geholt!», rief Onda.

Der große Seestern errötete bei so viel Lob.

«Und jetzt wird nicht länger gequatscht, sondern gekocht und gegessen. Zack, zack!» Bei diesen Worten ließ die Tintenfisch-Dame ihre Fangarme wie Lassos schnalzen.

Hinter dem Rücken von Mister Five Star wandte sie sich Coralline und Smeeralda zu und raunte: «Wenn wir Glück haben, hat er sein Horoskop heute noch nicht gelesen!»

Was meinte Onda denn damit? Smeeralda und Coralline sahen sie fragend an.

«Mister Five Star ist wahnsinnig abergläubisch! Er glaubt diesen Quatsch bis aufs i-Tüpfelchen», zischte Onda. «Wenn er eine schlechte Prophezeiung für den Tag liest – was ziemlich oft vorkommt –, dann wird er jedes Mal entsetzlich trübsinnig. Und prompt versalzt oder verpfeffert er alles. An ganz schlimmen Tagen beides!»

Smeeralda und Coralline sahen sich belustigt an. So ganz konnten sie nicht glauben, was die Tintenfisch-Dame da sagte. Überhaupt waren sie und der Seestern ein interessantes Team.

Mister Five Star hatte einen genauen Überblick über seine vielen Vorräte. In erstaunlich kurzer Zeit servierte er ihnen auf dem meterlangen Küchentisch mehrere Algensalate, Pastetchen und zum Nachtisch einen Kuchen mit grünem Zuckerguss. Hungrig griffen Smeeralda und ihre Mutter zu, hielten aber nach den ersten Bissen inne. Jetzt wussten sie, was Onda gemeint hatte: Der Sternekoch hatte sich leider mit den Gewürzen vertan. Er hatte in den einzelnen Gerichten entweder zu viel oder zu wenig Salz und Pfeffer verwendet.

Onda warf den beiden einen Blick zu, der bedeutete: «Hab ich es euch nicht gesagt?»

An Mister Five Star gewandt, fragte sie: «Wann hast du diese Sachen zubereitet?»

«Heute am frühen Morgen, warum?»

«Und was stand heute in deinem Horoskop?»

Der Seestern drehte sich um und griff nach einer Tageszeitung, die hinter ihm auf der Anrichte lag. Er schlug die Zeitung auf, blätterte darin herum, fand, was er suchte, und las vor: «Bis zum Mittag werden Ihnen einige Fehler unterlaufen.»

Onda schlug mit einem Arm auf die Tischplatte. «Da habt ihr's!» An Mister Five Star gewandt fuhr sie fort: «Ich habe dir schon hundertmal gesagt, dass du das

Zeug nicht mehr lesen sollst. Du bist ein fantastischer Koch. Aber wenn du diesen Muschelkäse weiterhin glaubst, dann werden wir das Hotel nie wieder eröffnen können! Kein Gast in allen Weltmeeren will so etwas essen!» Sie schob ihren Teller mit Pastetchen von sich. «Man kommt auf viele dumme Gedanken, wenn man nichts zu tun hat», sagte sie mehr zu Smeeralda und ihrer Mutter. «Und unglücklicherweise hatten wir in den letzten Jahren keine Gäste. Da gewöhnt man sich schon mal die eine oder andere Marotte an – aber wir sollten dir dieses Hobby so schnell wie möglich wieder abgewöhnen, was meinst du, alter zackiger Freund?»

Der Seestern machte ein betrübtes Gesicht. Er erinnerte Smeeralda an ein kleines Kind, dem man angedroht hatte, sein liebstes Spielzeug wegzunehmen.

«Also, wir beide sind sehr froh, überhaupt etwas in den Magen zu bekommen nach der langen Reise», sagte Coralline, um die Situation zu entspannen. Mister Five Star lächelte dankbar. Dennoch schien Ondas Kritik ihn zu treffen.

Die Tintenfisch-Dame winkte seufzend ab und trank mehrere große Schlucke Seegraslimonade. «Ahhh!», rief sie laut, als sie das Glas wieder absetzte. Sie sah Coralline an. «Übrigens, von dem Immobilien-Hai, von dem du mir vorhin erzählt hast, habe ich schon viele schlimme Dinge gehört», sagte sie. «Er hat seine Flossen in einigen miesen Geschäften. Eines seiner Büros ist hier bei uns in der Stadt.»

Coralline seufzte. «Dann werde ich ihm wohl so schnell wie möglich einen Besuch abstatten. Per Telefon kann ich ihn nicht erreichen.»

«Das Telefon? Ach ja, das ist schon lange tot ...», sagte Onda.

Bei dem Wort «Stadt» hatte Smeeralda aufgehorcht. Sollte es hier in der Gegend etwa doch noch etwas anderes geben als trübes Wasser und zerklüftete Felsen? Sie dachte an ihre Begegnung mit Azuro im Algenwald. Wo der Meerjunge wohl wohnte?

Von ihrer keifenden Nachbarin erzählte sie ihrer Mutter besser erst in ein paar Tagen. Coralline hatte an dem Schreck über den Zustand des Hotels genug zu knabbern.

«Gleich morgen werde ich die alte Belegschaft der ‹17 Wellen› wieder zusammentrommeln», verkündete Onda. «Heute richten wir erst mal eure Schlafzimmer für die Nacht her. Wir haben nämlich kaum Licht hier drinnen. Wenn es erst einmal dunkel ist, sehen wir nichts mehr. Ich besorge euch frische Wäsche.»

Coralline war sehr erleichtert über Ondas Unterstützung.

«Vielen Dank, ich weiß deine Hilfe sehr zu schätzen», sagte sie. Sie verzog betrübt das Gesicht. «Auch wenn ich, ehrlich gesagt, überhaupt nicht weiß, wie ich das alles stemmen soll. Und ob ich es überhaupt schaffe.» Sie sah Smeeralda zweifelnd an. Die nickte besorgt.

«Nicht verzagen, Onda fragen!», rief die Tintenfisch-

Frau und warf ihre schwarzen Locken nach hinten. «Ich bin an eurer Seite. Dieses Schiff wird nicht untergehen, sondern von nun an in neuem Glanz erstrahlen. Und zwar viel heller und königlicher als je zuvor!»

Smeeralda musste an die Worte der Barsch-Mutter und des Pförtner-Krebses denken. Ob es stimmte, dass alle Gäste und auch die Hotelbesitzer immer wieder abgereist waren? Gern hätte sie von Onda mehr darüber erfahren. Sie nahm sich vor, die Tintenfisch-Dame bei nächster Gelegenheit zu fragen. Am besten, wenn ihre Mutter nicht dabei war.

Onda sah Smeeralda an, als hätte sie ihre Gedanken erraten. Doch sie sagte nichts. Stattdessen rief sie laut: «Und jetzt sollten wir machen, dass wir alle in die Betten kommen!» Sie erhob sich schwungvoll, was einen Moment dauerte, da sie erst ihre vielen Arme sortieren musste.

Mister Five Star goss großzügig einen Schwall Spülmittel in die Spüle, was einen Berg Schaum aufwarf. Er machte sich an den Abwasch, während Smeeralda, Coralline und Onda in die Wäschekammer schwammen.

Beladen mit Bettbezügen und frischen Handtüchern kamen sie kurze Zeit später wieder heraus. Corallines Zimmer, das sie sich ausgesucht hatte, lag nur ein paar Türen weiter von dem, für das sich Smeeralda entschieden hatte. Im Bad ihrer Mutter stand eine riesige runde Badewanne mit goldenen Füßen, die die Form von springenden Fischen hatten. Die Farbe war auch hier reichlich abgeblättert, doch immer noch waren sie wunderschön.

«Ich könnte noch ein heißes Bad vertragen nach diesem anstrengenden Tag», sagte Coralline voller Vorfreude.

«Lieber nicht», bremste Onda ihre Idee. «Die Leitungen hier im Haus sind alle uralt und verrostet. Es kommt nur grüne Brühe heraus! Ich helfe dir morgen früh, eine Liste mit allen Reparaturen anzufertigen. Stück für Stück werden wir aus diesem alten Kasten schon wieder ein Schmuckstück machen.»

«Dann eben kein Bad», seufzte Coralline. Sie war zu müde, um sich an diesem Tag über weitere unliebsame Überraschungen zu ärgern.

Als sie kurze Zeit später in ihrem frisch bezogenen Bett lag, versuchte Smeeralda noch einmal, Nixe und Undine anzurufen oder ihnen wenigstens eine Nachricht zu schicken. Doch vergeblich. Traurig drückte sie das Abschiedskissen ihrer Freundinnen an sich. Sie fühlte sich klein und verloren in dem großen, fremden Zimmer.

Ihr fiel das Tagebuch ein, das ihr das Walross geschenkt hatte. Gern hätte sie noch hineingeschrieben. Doch draußen war es schon dunkel, und ihre Nachttischlampe, ein kleiner silberner Oktopus, der aus seinem Bauch heraus nach unten leuchtete, gab nur ein schwaches Funzeln von sich.

Seufzend löschte Smeeralda das Licht.

An die Arbeit!

~~~

Am nächsten Morgen herrschte im Eingangsbereich des Hotels ein großes Durcheinander.
Smeeralda, die von den vielen Stimmen wach geworden
war, blieb auf einem der oberen Treppenabsätze sitzen.
Neugierig betrachtete sie das bunte Treiben. Im Foyer
wimmelte es nur so vor Seepferdchen! Die feinglied-
rigen, schönen Tiere, die sich nur langsam bewegten,
sahen sich so ähnlich, dass Smeeralda Mühe hatte, sie
auseinanderzuhalten.

«Alle mal herhören!», erklang Ondas Stimme inmitten des Gewirrs. Smeeralda schwamm die Treppe hinab, um die Tintenfisch-Dame besser sehen zu können.
Sie setzte sich auf einen Hocker an die Bar. Von dort
konnte sie alles gut überblicken.

Onda bewegte sich mit ihren langen Armen auf einen
großen Tisch in der Mitte des Foyers zu, um von allen
gesehen zu werden. Auch Coralline kam dazu und lächelte die gesamte Belegschaft freundlich an.

«Ich habe das große Vergnügen, euch heute mitteilen
zu dürfen, dass das Grandhotel ‹17 Wellen› seine Arbeit

wieder aufnimmt!», rief Onda in die Menge. «Begrüßt mit mir eure neue wunderbare Chefin Coralline!»

Lautes, freudiges Rufen und Klatschen ertönte. Coralline bedankte sich lächelnd. Als sich alle wieder beruhigt hatten, sagte sie: «Schön, dass ihr alle zurückgekommen seid nach der langen Zeit. Ich freue mich sehr darauf, dieses Hotel mit euch wieder zum Grandhotel zu machen und unseren Gästen unvergessliche Urlaube zu bereiten. Und natürlich sollt auch ihr viel Spaß bei der Arbeit haben. Wenn ihr einmal etwas auf dem Herzen habt, dann lasst es mich wissen.»

Wieder ertönte lauter Beifall. Coralline wurde ernst. «Eigentlich wollte ich schon in einer Woche die große Eröffnungsfeier stattfinden lassen, aber –»

Onda unterbrach sie mit einer Handbewegung und rief laut in Richtung der Zuhörenden: «In einer Woche wird eröffnet! Habt ihr verstanden?»

Die Seepferdchen nickten. Coralline sah Onda überrascht an. Die sagte leiser, sodass nur sie beide es hörten: «Man muss Ziele haben im Leben. Sonst kommt man zu gar nichts. Wir schaffen das schon! Du wirst sehen.» Sie zwinkerte der Meerfrau zu und wandte sich wieder an die Seepferdchen: «... und das bedeutet, dass wir alle Flossen und Hände voll zu tun haben! Alle Zimmer – und damit meine ich ALLE – müssen gefegt und picobello gesäubert werden. Möbel, die noch brauchbar sind, bleiben in den Zimmern. Die anderen werden vors Haus getragen und später entsorgt! Zuallererst aber

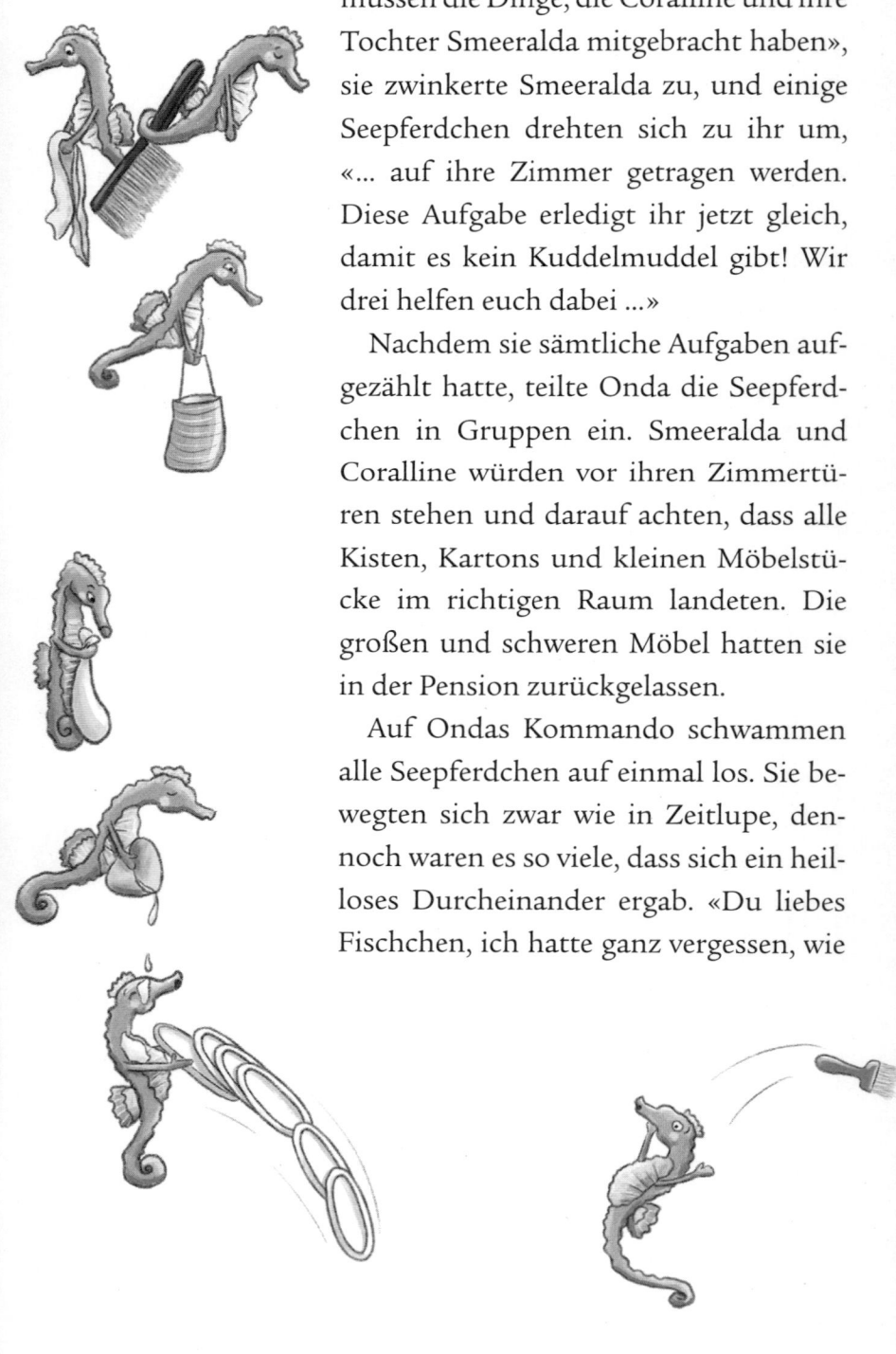

müssen die Dinge, die Coralline und ihre Tochter Smeeralda mitgebracht haben», sie zwinkerte Smeeralda zu, und einige Seepferdchen drehten sich zu ihr um, «... auf ihre Zimmer getragen werden. Diese Aufgabe erledigt ihr jetzt gleich, damit es kein Kuddelmuddel gibt! Wir drei helfen euch dabei ...»

Nachdem sie sämtliche Aufgaben aufgezählt hatte, teilte Onda die Seepferdchen in Gruppen ein. Smeeralda und Coralline würden vor ihren Zimmertüren stehen und darauf achten, dass alle Kisten, Kartons und kleinen Möbelstücke im richtigen Raum landeten. Die großen und schweren Möbel hatten sie in der Pension zurückgelassen.

Auf Ondas Kommando schwammen alle Seepferdchen auf einmal los. Sie bewegten sich zwar wie in Zeitlupe, dennoch waren es so viele, dass sich ein heilloses Durcheinander ergab. «Du liebes Fischchen, ich hatte ganz vergessen, wie chaotisch sie sind!», seufzte Onda. «Nun, wir werden das schon hinkriegen. Und du? Gut geschlafen?», erkundigte sie sich bei Smeeralda, die in der Zwischenzeit zu ihr und Coralline geschwommen war.

Das Meermädchen nickte. Tatsächlich hatte sie in dem fremden Bett besser geschlafen, als sie erwartet hatte.

Es dauerte bei dem «Tempo» der Seepferdchen eine ganze Weile, bis alle Sachen aus der Pension in die beiden Schlafzimmer verteilt waren, doch schließlich war dieser erste Schritt erledigt. Onda war zufrieden. Nun ging es an die Hauptarbeit: das Leerräumen aller Zimmer in den «17 Wellen». Und das waren nicht wenige!

Nachdem die Seepferdchen in den verschiedenen Stockwerken verschwunden waren und Onda ihnen noch einmal eingebläut hatte, was sie zu tun hatten, schwammen sie und Coralline von Zim-

mer zu Zimmer, um eine genaue Auflistung der Reparaturen und Verschönerungen zu machen. Smeeralda begleitete sie.

«Die Zahnputzbecher und die Seifenhalter müssen alle erneuert werden, die sind uralt», rief Onda. «Das macht für 50 Zimmer in jedem der neun Stockwerke genau 450 Seifenhalter. Und bei vier Gästen pro Zimmer ...» Die Tintenfisch-Dame rechnete es flink im Kopf aus. «... exakt 1 800 Zahnputzbecher!»

Coralline nickte und notierte die Zahlen in einer Liste auf einem Klemmbrett.

Smeeralda staunte. «Du bist wirklich gut in Mathe», sagte sie zu Onda. Sie selbst tat sich mit dem Rechnen oft schwer. Sie schrieb lieber kurze Geschichten oder malte bei ihrer Lieblingslehrerin Frau van Roch im Kunstunterricht wunderschöne Bilder. Mit Wehmut dachte sie daran, dass sie Frau van Rochs Unterricht nach den Ferien nie wieder erleben würde.

Onda unterbrach strahlend ihre Gedanken. «Bei der Ozeanischen Rechen-Olympiade vor 35 Jahren war ich die Weltmeer-Meisterin im Kopfrechnen! Ist lange her, deine Mama hat damals noch Windeln getragen!», sie zwinkerte Coralline zu. «Aber mein Köpfchen funktioniert immer noch wie eine Eins», fuhr Onda fort. Sie tippte sich an ihren großen Kopf. Smeeralda schmunzelte.

Nach drei weiteren Etagen und Zimmern, in denen so viel zu erneuern war, dass Corallines Liste bereits mehrere Seiten umfasste, verlor das Meermädchen die Lust, die beiden zu begleiten. «Wo ist denn die Bibliothek?», fragte sie. Sie hatte ein Foto davon im Werbeprospekt des Immobilien-Hais entdeckt.

«Ganz oben in der Wal-Suite», sagte Onda und deutete mit ihrem Arm zur Decke. «Erwarte allerdings nicht zu viel. Wir müssen diesen Raum ebenso aufmöbeln wie alles andere. Aber an klaren Tagen hat man von dort einen fantastischen Blick bis ins weite Meer!»

Smeeralda schwamm los. Sie überlegte kurz, einen der Aufzüge zu nehmen. Anstelle von Nummern waren auf den runden Knöpfen für die einzelnen Stockwerke die Tiere abgebildet, die den Etagen ihre Namen gaben. Sie entschied sich jedoch dagegen. Gestern hatten beide nur ein seltsam quietschendes Geräusch gemacht, als Coralline und sie die Knöpfe betätigt hatten. Bewegt hatte sich keiner.

Zügig schwamm sie die Treppe hinauf. Sie hatte einen Drehwurm im Kopf, als sie endlich das oberste Stockwerk erreichte.

Die Türen zur Wal-Suite besaßen zwei große Flügel. Smeeralda öffnete eine davon und schaute vorsichtig hinein. In dem runden Raum dahinter war es sehr dunkel, was daran lag, dass vor den Fenstern schwere dunkelgrüne Vorhänge hingen. Sie schwamm auf eines der Fenster zu und schob die Vorhänge leicht zur Seite. Es wurde etwas heller. Dennoch dauerte es einen Moment, bis sich Smeeraldas Augen an das Dunkel gewöhnt hatten. Draußen war nicht viel zu erkennen. Von dem schönen Ausblick, von dem Onda gesprochen hatte, keine Spur.

Als sie sich an das trübe Licht gewöhnt hatte, erkannte sie die langen Regalwände, in denen sich Buch an Buch reihte. Ihr Herz machte einen freudigen Hüpfer. Was für eine Auswahl! Sie liebte es, sich an einem langen Nachmittag in ein Buch und damit in eine fremde Welt zu versenken ... Neugierig schwamm sie auf eines der Regale zu. Auf dem Boden lag loses Algenpapier verstreut, als hätte jemand ein Manuskript fallen gelassen.

Sie wollte gerade ein Buch mit rotem Einband aus dem Regal nehmen, da vernahm sie ein Geräusch, das wie ein Schnarchen klang. Sie fuhr herum. In einem großen Ohrensessel, der mit marineblauem Samt überzogen war, schlief jemand! Es war eine alte Muränen-Dame. Sie trug ein langes Nachthemd und eine Schlafhaube, was lustig aussah. Neben ihr auf einem niedrigen Tischchen bemerkte Smeeralda ein Glas, in dem ein Gebiss schwamm. Daneben lag ein Stapel beschriebenes Algenpapier.

Trotz des anfänglichen Schrecks musste Smeeralda grinsen. Das Hotel hatte außer Onda und Mister Five Star also noch eine Bewohnerin. Sie dachte an die drei fehlenden Schlüssel an der Rezeption. Um die Muränen-Dame nicht zu stören, schwamm sie leise zur Tür zurück.

«Wen haben wir denn da?», hörte sie plötzlich eine

langsame und undeutliche Stimme fragen. Sie drehte sich um. Die alte Muräne sah sie aus verschlafenen Augen an.

«Ich heiße Smeeralda», antwortete sie höflich. «Ich wohne mit meiner Mutter ab jetzt auch hier. Bitte entschuldigen Sie die Störung. Ich wollte Sie nicht ...» Die Muränen-Dame richtete sich im Sessel auf. Nuschelnd fuhr sie fort: «Wie schön, mal etwas anderes zu sehen als Plankton oder anderes Getier, das sich nur zufällig hier in die Bibliothek verirrt! Verzeihung ...» Sie unterbrach sich selbst, angelte nach dem Gebiss und ließ es – schnapp – in ihrem Maul verschwinden. Dann sah sie Smeeralda lächelnd an. Mit Zähnen sah sie gleich viel freundlicher aus und sprach auch deutlicher. «Mein Name ist Agatha Misty. Ich bin Schriftstellerin und schreibe gerade an einem Meereskrimi!» Die alte Autorin machte ein geheimnisvolles Gesicht.

Smeeralda staunte. Sie deutete auf die vielen Seiten, die am Boden verstreut lagen, und den Stapel, der sich auf dem Tisch neben dem Glas türmte. «Haben Sie das alles geschrieben?»

Die Muräne nickte stolz. «10 000 Seiten, was sagst du? Möchtest du wissen, um was es geht?» Ohne Smeeraldas Antwort abzuwarten, sprach sie weiter: «Die ganze Geschichte ist im Laufe der Jahre ziemlich umfangreich geworden. Aber ich habe noch den Durchblick! Sie hat 26 Handlungsstränge, und man könnte sagen, im Grunde geht es um einen alten Wal-Grafen.

Er lebt allein und verbittert in einem Riff, weil seine einzige Tochter kurz vor ihrer Hochzeit ermordet wurde. Jawohl, ermordet! Ist das nicht fürchterlich?» Sie sah Smeeralda prüfend an, ob die ihr noch zuhörte. «Ich verrate dir jetzt was. Du darfst es aber niemandem weitersagen!»

Smeeralda versprach es.

«Der Mörder ist ein hinterlistiger junger Hai!», rief die Muräne. «Ich finde, dass sich Haie fantastisch als Mörder eignen, du nicht?», fragte sie das Meermädchen. Smeeralda nickte.

Obwohl sie den Mörder und damit das Ende des langen Krimis nun schon kannte, hörte sie der alten Dame noch eine Weile höflich weiter zu. Allerdings verriet diese ihr auch die 25 weiteren Handlungsfäden. Nach dem zehnten konnte Smeeralda ihr schon nicht mehr folgen und überlegte, wie sie schleunigst aus der Bibliothek herauskam, ohne die Autorin zu kränken. Gerade nahm diese sich einen Stapel Papier und sagte: «Jetzt, wo du alle Hintergründe kennst, gebe ich dir noch eine Kostprobe. Ich lese dir ein paar Seiten vor. Setz dich und nimm dir von den Plankton-Keksen!» Sie schob Smeeralda eine Keksdose hin. «Sie sind mit Miesmuschel-Mus gefüllt.»

Bei diesem Wort erinnerte sich Smeeralda, wie ihr Lehrer Herr Zweistein einmal süße Teilchen dieser Art mit in die Schule gebracht hatte. Sie hatten schrecklich geschmeckt.

Smeeralda hob die Hand und rief schnell: «Ein andermal! Jetzt muss ich leider zurück und meiner Mutter helfen.» Es tat ihr leid, die alte Dame anzuschwindeln, aber sie wusste keinen anderen Ausweg. Statt bei ungenießbaren Keksen einem verworrenen Krimi zu lauschen, wollte sie lieber ins Freie schwimmen, um zu spielen. Vielleicht war ja auch Azuro wieder in der Nähe.

Die Muränen-Dame nickte. «Verstehe. Dann ein andermal! Versprich mir, dass du wiederkommst! Du weißt ja jetzt, wo du mich findest.»

Smeeralda verabschiedete sich freundlich und machte, dass sie davonkam.

SIEBEN

Ein Delfin namens Snorri

~ ~ ~

*D*ie Seepferdchen waren bereits eifrig damit beschäftigt, verblichene Algenteppiche, fleckige Seegrasvorhänge und vermoderte Nachttischchen aus dem Inneren des Hotels ins Freie zu bringen. Die Tiere grüßten freundlich und verneigten sich leicht, als Smeeralda an ihnen vorbeischwamm. Das Meermädchen winkte lächelnd zurück.

Allerdings hatte Onda wohl vergessen, ihnen zu sagen, wo genau sie die alten Sachen abstellen sollten. Ein Großteil der Sachen lag daher verstreut draußen im Sand herum. Andere Gegenstände breiteten sich in einem wilden Durcheinander auf der Eingangstreppe aus. Eine kleine Kommode stand mitten im Türrahmen.

«Hier kommt ja nicht mal mehr der schlankste Aal rein und wieder raus!», schimpfte Onda. «Alles muss auf *einen* Haufen. Habt ihr verstanden? Einen einzigen! Bringt alles, was draußen herumliegt, dorthin, wo die Teppiche liegen! Genau dahin und nirgendwo anders!» Sie holte mit einem Arm aus wie mit einem Lasso und ließ ihn nach vorne schnellen, sodass seine Spitze auf die gewünschte Stelle deutete. Kopfschüttelnd schwamm sie wieder nach drinnen.

Die Seepferdchen gehorchten, so gut sie es verstanden hatten. Allerdings kam keiner von ihnen von auf die Idee, die kleine Kommode zu entfernen. Smeeralda wusste, warum. Onda hatte gesagt: «Alles, was draußen herumliegt.» Das hatten die Seepferdchen wörtlich genommen. Smeeralda schob die Kommode selbst ein Stück beiseite, damit niemand mehr darüber stolperte. Dann schwamm sie nach draußen.

Das Wasser rund um das Riff schien heute ein klein wenig klarer zu sein. Trotzdem konnte Smeeralda keine weiteren Gebäude erkennen. Sie merkte sich genau, an welcher Felskante sie abbiegen musste, um zurück zu den «17 Wellen» zu kommen, und wagte sich dann etwas weiter vor als am Tag ihrer Ankunft.

Außer Algenfeldern und Felsengruppen, die von Muscheln bevölkert waren, sah sie nichts. Nicht der kleinste Fisch war hier in der Gegend unterwegs. Wie bunt und fröhlich war es in ihrem alten Zuhause gewesen!

In einiger Entfernung sah sie plötzlich etwas Großes, Dunkles und Längliches auf dem Meeresboden liegen. Es hatte die Form und Größe eines Pottwals. Smeeralda schwamm darauf zu. Sie erkannte eine Schiffsschraube, drei winzige Fenster und mehrere Antennen, die senkrecht nach oben zeigten. Das war kein Pottwal. Es war ein U-Boot. Wie lange es hier wohl schon lag?

Die Außenwand des Bootes war zum Teil mit Algen

und Muscheln besetzt. Hinter dem Boot erkannte sie eine Ansammlung größerer und kleinerer Schiffe sowie jede Menge alter Fässer und Teile von Motoren. War dies ein Schiffsschrottplatz? Aber wer verwendete noch solche alten Teile und wozu?

Ob jemand hier wohnte? Sie wollte gerade mit der Hand etwas Sand von einem der kleinen Fenster wischen, um besser sehen zu können, da wurde drinnen das Licht angeknipst. Ein Mann mit schwarzem, strubbeligem Haar und tiefblauen Augen tauchte hinter der Scheibe auf. Er lachte und winkte fröhlich. Das Gesicht des Mannes verschwand. Kurze Zeit später ging neben ihr eine schmale Tür auf.

«Hallo, du bist sicher eine Freundin von Azuro», stellte der Meermann fest. Der Ähnlichkeit nach schloss Smeeralda, dass es der Vater des Jungen war.

«Ich heiße Smeeralda», stellte sie sich vor. «Meine Mutter und ich wohnen seit gestern im Hotel ‹17 Wellen›.»

«Wie schön! Endlich kommt wieder Leben in das prächtige Haus! Komm doch rein», ermutigte sie der Meermann. «Ich habe frische Seegras-Limonade gemacht. Ich bin übrigens Atrian. Azuro!», rief er lauter in Richtung des hinteren Teils des Schiffs. Lächelnd hielt er Smeeralda die Tür auf, damit sie an ihm vorbeischwimmen konnte. Sie mochte ihn auf Anhieb.

«Kann grad nicht!», rief eine Stimme zurück, die Smeeralda bereits kannte.

«Du hast Besuch!», erwiderte sein Vater. Da ging am Ende des Schiffsrumpfs eine Tür auf, und das Gesicht des Meerjungen schaute missmutig hervor.

«Ach, du bist es», sagte er.

«Du könntest ruhig etwas netter sein», wies ihn sein Vater zurecht und zwinkerte Smeeralda zu. «Macht es euch gemütlich.»

Das Meermädchen nickte und schwamm auf Azuro zu. «Hallo!» Sie freute sich, ihn wiederzusehen.

Der Junge nickte nur knapp. Immerhin hielt er ihr die Tür auf. Der Raum war sehr klein und voller Knöpfe, Schalter und Bildschirme. Er wirkte wie eine Schaltzentrale.

«Moment», meinte Azuro, als er bemerkte, dass Smeeralda sich umsah. Er schob ein paar Kleidungsstücke und einen Stapel Bücher beiseite, die auf einer alten Schiffskiste lagen. «Kannst dich hierhin setzen.» Er selbst nahm auf einem Drehstuhl vor einem Schreibtisch Platz, der an der Wand stand. Smeeralda bestaunte die Technik in seinem Zimmer. «Dein Zimmer ist sicher größer als meins», meinte Azuro nach einer Weile.

Smeeralda verzog das Gesicht. «Ein bisschen. Aber dafür ist es ziemlich alt und verfallen.»

Der Junge grinste. «Muss spannend sein, in einem Hotel zu leben», meinte er.

Das Meermädchen schüttelte den Kopf. «Ich glaube, meine Mutter hat es sich anders vorgestellt. Es ist unglaublich viel Arbeit.» Sie erzählte Azuro, was geschehen war. Er hörte ihr aufmerksam zu. «Das tut mir sehr leid für euch», sagt er schließlich.

Sie nickte. «Und ich vermisse meine Freundinnen jetzt schon, dabei sind wir erst ein paar Tage weg von zu Hause», gestand sie ihm anschließend.

Azuro sah sie mit seinen dunkelblauen Augen an. «Ich bin ganz gern allein», gab er zu.

Smeeralda fragte sich, ob er damit meinte, dass sie besser wieder gehen sollte. Doch in dem Moment ging die Tür auf. Atrian brachte ihnen zwei Gläser Limonade. Ein paar Minuten saßen sie schweigend zusammen und schlürften an ihren Getränken.

Smeeraldas Blick fiel immer wieder auf die vielen Knöpfe und Schalter an der Wand neben Azuro. «Kannst du dir merken, wofür die alle sind?», fragte sie.

«Klar,» war zunächst alles, was von dem Jungen kam. Erst als er bemerkte, dass Smeeralda gern mehr hören wollte, fügte er hinzu: «Nicht alle sind noch in Funktion. Aber wenn wir wollten, könnten wir das Boot starten und einfach losfahren. Durch alle Meere.»

«Wirklich?» Das fand Smeeralda aufregend. Sie war noch nie in einem U-Boot gefahren. Danach war es wieder still zwischen ihnen beiden. Smeeralda vermutete, dass der Junge viel Zeit in diesem Raum verbrachte und etwas eigenbrötlerisch war. Doch sie mochte seine Art.

«Bei euch sind sicher auch gerade Ferien, oder?», versuchte sie einen neuen Anlauf. «Unternimmst du was mit deinen Eltern?»

Das Gesicht des Jungen wurde plötzlich verschlossen. Er antwortete nicht gleich, sondern schlürfte lautstark an seinem Strohhalm.

«Habe ich was Falsches gesagt?», fragte Smeeralda vorsichtig.

«Nein, schon okay», antwortete Azuro. Er sah sie an, und sein Gesicht wirkte immer noch ernst. «Wir können nichts unternehmen. Jedenfalls nichts, was länger als einen Nachmittag dauert. Mein Vater hat sehr viel zu tun. Und meine Mutter ist ... weg.»

«Oh, das tut mir leid», sagte Smeeralda mitfühlend. «Wo ist sie denn?»

Der Meerjunge dachte einen Moment nach. Er wirkte, als ob er sich nicht sicher sei, ob er ihr alles erzählen sollte. Er holte tief Luft, bevor er weitersprach. «Behalt es für dich, was ich dir jetzt sage, okay?»

Smeeralda nickte. Kurz dachte sie an die alte Muränen-Autorin in der Bibliothek der «17 Wellen», die ihr das Ende ihres Krimis verraten hatte. Sie musste schmunzeln. Dann wurde sie wieder ernst. Sie merkte, dass es Azuro nicht leichtfiel, ihr das Folgende zu erzählen.

«Meine Mutter ist Teil einer wichtigen Mission zur Rettung der Weltmeere», erklärte er ihr. «Eigentlich wollte sie in den Ferien zu uns kommen. Aber es klappt nicht. Wie so oft», setzte er noch hinzu. «Sie hat mir gestern per Funk Bescheid gesagt.» Er deutete auf einen schwarzen Kasten, der neben ihm auf dem Schreibtisch stand. Azuro nahm einen großen Schluck von seiner Limonade, als wollte er damit seine Enttäuschung herunterspülen.

Smeeralda nickte verständnisvoll. Das war ja schade. Bestimmt war er gestern im Algenwald deshalb so abweisend zu ihr gewesen.

«Ich vermisse meinen Vater auch manchmal», erzählte sie ihm.

«Ist er auch auf großer Mission unterwegs?», fragte Azuro mit Blick in sein Limonadenglas.

«Nein. Er ist gestorben, als ich noch ganz klein war», antwortete Smeeralda leise.

Azuro sah erschrocken auf. «Oh, das tut mir leid. Ich wollte nicht ...»

«Ist schon in Ordnung», winkte Smeeralda ab. «Es geht uns gut. Meine Mama und ich, wir vermissen ihn eben beide von Zeit zu Zeit.»

«Wie ist es passiert?», wollte Azuro wissen.

Smeeralda rührte mit ihrem Strohhalm im Glas herum, sodass sich die grüne Flüssigkeit darin drehte. «Ein heftiger Wasserwirbel hat ihn erwischt. Mein Vater war sehr mutig und stark. Doch der Sturm war stärker als er», meinte sie nachdenklich.

Einen Moment lang war es wieder still in dem kleinen Raum. Hinter Azuro hing ein Foto an der Wand. Eine bezaubernd aussehende Meerfrau mit langem, dunklem Haar umarmte einen kleinen schwarzhaarigen Meerjungen und küsste ihn auf die Wange. Der Junge, der ganz offensichtlich Azuro war, strahlte übers ganze Gesicht.

«Deine Mutter ist wunderschön», flüsterte Smeeralda. «Kannst du denn wenigstens mit ihr telefonieren?»

Azuro nickte, stellte sein Glas ab und drehte sich zu den Bildschirmen um. Flink gab er etwas auf der Tastatur ein. Schlagartig erhellten sich alle Monitore. Auf einem war eine Meereskarte zu sehen. Auf einem anderen viele Zahlen und bunte Kurven, die sich bewegten. Ein dritter zeigte mehrere rote, blinkende Punkte in einem dunkelblauen Meer. «Per Radar kann ich den Standort von der Delfinflotte meiner Mutter und ihres Teams über alle Weltmeere verfolgen.» Er deutete auf die roten Punkte. «Hier, das sind sie.»

Smeeralda war begeistert. «Das ist toll. So weißt du immer, wo deine Mama ist!»

Azuro seufzte. «Na ja. Es wäre schon besser, wenn sie öfter hier wäre. Ein roter Punkt ist nicht wirklich eine Mutter, oder?»

Smeeralda lächelte den Meerjungen unbekümmert an. «Ein Punkt ist besser als nichts!»

Ihre Worte zauberten auch Azuro ein leichtes Lächeln aufs Gesicht.

Smeeralda wollte ihn gerade nach der wütenden Nachbarin im Algenwald fragen, da schoss ein junger Delfin durch die Zimmertür herein. Er stupste sie auffordernd in die Handflächen und wollte ganz offensichtlich gestreichelt werden. «Wer bist du denn?», rief sie verzückt. Behutsam strich sie über seine zarte Haut. Der Delfin stupste nun auch ihre Wange an. Es fühlte sich an wie kleine Küsschen! Smeeralda kicherte.

«Das ist Snorri», stellte Azuro ihr das Tier vor.

«Snorri», wiederholte Smeeralda. «Ein sehr hübscher Name.»

«Er schnarcht, dass sich die Felsen biegen, deshalb haben wir ihn so genannt», ertönte Atrians tiefe Stimme hinter ihnen. Der Meermann war im Türrahmen aufgetaucht. «Möchtest du gern zum Essen bleiben?»

Smeeralda lehnte dankend ab. Sie wollte nicht, dass sich Coralline und Onda Sorgen um sie machten. «Ein andermal gerne. Jetzt sollte ich besser wieder gehen! Meine Mutter würde sich sicher freuen, wenn ihr beide, ähm, ich meine, Sie beide heute Nachmittag vorbeikommen würden.» Dann fiel ihr ein, dass das Hotel noch nicht in einem sehr gästefreundlichen Zustand war. «Es ist noch nicht alles hübsch bei uns, aber unser Koch Mister Five Star kann bestimmt einen leckeren Kuchen backen.» Erst dann fiel ihr die Sache mit den Horoskopen wieder ein. Aber jetzt war die Einladung schon ausgesprochen.

«Wir kommen gerne! Nicht wahr, Azuro?», sagte Atrian und wuschelte seinem Sohn übers Haar. Azuro nickte. Er schien nicht mehr ganz so verschlossen wie zu Beginn ihres Besuchs. «Ich habe allerdings noch viel zu tun», meinte Atrian. «Doch bis fünf Uhr sollte ich es schaffen. Einverstanden?»

Smeeralda nickte. Unter weiteren Küsschen und Stupsern von Snorri schwamm sie zum Ausgang des U-Boots. «Also dann, bis um fünf!», rief sie lächelnd. «Wir freuen uns!» Azuro und sein Vater winkten ihr nach.

Die Seepferdchen waren immer noch dabei, alle alten Möbelstücke und Einrichtungsgegenstände auf einen ordentlichen Haufen zu tragen – oder zumindest das, was sie für ordentlich hielten. Coralline und Onda waren nirgends zu sehen, daher beschloss das Meermädchen, in der Küche nachzusehen, ob Mister Five Star da war.

Der große Seestern schlug gerade ein paar Meeresschildkröten-Eier in eine Schüssel. «Sieben!», rief er, als Smeeralda zur Tür hereinkam. «Nicht acht, nicht neun, sondern sieben!»

«Warum genau sieben?», fragte Smeeralda neugierig.

Mister Five Star schaute sich um und senkte die Stimme, als befürchtete er, sie würden belauscht. «Die Acht und die Neun bringen Unglück!»

Er liest nicht nur für sein Leben gern Horoskope, sondern ist auch noch abergläubisch, dachte Smeeralda. Sie selbst mochte alle Zahlen. Auf dem Tisch lag die Zeitung des Tages. Sie war auf der Seite mit den Horoskopen aufgeschlagen. «Was bist du denn für ein Sternzeichen?», fragte sie ihn.

«Ich bin ein Seestern, wie er im Buche steht! Seestern von Natur aus und auch im Sternzeichen! Ist das nicht lustig?», rief der Koch.

Smeeralda nickte lächelnd und überflog die Horoskope. Bei den Seesternen stand: «Sie sind heute etwas zu schwungvoll.» Oh, oh, das bedeutete nichts Gutes, wenn er das wieder allzu wörtlich nahm ... Mister Five Star war gerade dabei, mit beiden Händen den Salz- und den Pfefferstreuer über die Schüssel zu heben. «Darf ich dir helfen?», rief das Meermädchen schnell und nahm ihm die beiden Streuer ab. Sie gab nur eine winzige Prise Pfeffer in die Schüssel und stellte die Streuer dann in sichere Entfernung von Mister Five Star.

«Wusstest du, dass etwas Plankton-Pfeffer und ein Spritzer Muschelmilch aus deinem Omelett das köstlichste weit und breit machen?», fragte Smeeralda.

«Nein, das war mir neu!», rief Mister Five Star erfreut.

«Meine Mutter hat es mir beigebracht. Für unsere Gäste in der Pension», erklärte ihm das Meermädchen.

Der Seestern schwamm zu einem Regal, holte die beiden Zutaten und ließ sich von Smeeralda die richtige Menge zeigen. Danach rührte er alles um und füllte den Inhalt der Schüssel in eine heiße Pfanne, die bereits auf dem Herd stand. Es brutzelte laut und duftete köstlich. Als er kurze Zeit später das Omelett probierte, war er begeistert. «Meine liebe Scholle», sagte er. «Das schmeckt ja abgrundtief gut! Ich nehme es sofort auf die Speisekarte. Was hältst du davon, dass wir es ‹Omelette à la Smeeralda› nennen?»

Smeeralda war einverstanden und freute sich. «Ich könnte dir in den kommenden Tagen helfen», schlug sie vor. «Ich habe ja Ferien, und du hast bestimmt sehr viel zu tun für das Eröffnungsmenü», meinte sie. Sie sagte ihm nicht, dass ihr das Gelingen des Menüs für ihre Mutter und alle Gäste sehr wichtig war. Auf diese Weise konnte sie ein Auge darauf haben, dass er nicht zu oft in sein Horoskop schaute. Und wenn doch, konnte sie das Schlimmste schnell noch verhindern. Insgeheim war sie froh, auf diese Weise auch etwas Ablenkung zu haben. Denn als sie vorhin das Wort «Pension» gesagt hatte, war ihr ein kleiner schmerzhafter Stich ins Herz gefahren.

«Für heute Nachmittag brauche ich bitte noch einen Kuchen», sagte sie dann, als sie an ihre Einladung an Azuro und seinen Vater dachte. «Wir bekommen nämlich Besuch.»

«Einen Kuchen? Kinderspiel! Das sollten wir hinbekommen», rief Mister Five Star. «High Five!»

Smeeralda hob ihre Hand, um sich mit ihm abzuklatschen, so wie sie es mit ihren Freundinnen tat.

Doch der Seestern schüttelte den Kopf. «Ein richtiges Seestern-High-Five geht so», rief er und brachte ihr bei, wie man sich in seiner Familie erst mit der linken Hand, dann der rechten Hand und zum Schluss zweimal mit dem Kopf und noch einmal mit dem Hinterteil anstupste. Die beiden hatten viel Spaß. Fast wäre das Omelett angebrannt. Mister Five Star zog die Pfanne schnell vom Herd und schaltete die Platte ab.

«Das riecht ja fantastisch hier! Was habt ihr denn Feines gezaubert?», rief Onda, die in diesem Moment zur Tür hereinschwamm. «Ich habe Hunger wie eine Herde Buckelwale!» Ächzend ließ sie sich auf einen der Stühle am Tisch fallen.

Auch Coralline kam hinzu. Sie hatte viele beschriebene Algenblätter dabei und wirkte erschöpft. In Windeseile futterten sie das Omelett auf und verspeisten anschließend den Rest vom Kuchen bis auf den letzten Krümel. Dass er leicht versalzen war, störte sie nicht, so hungrig waren sie.

Onda wischte sich genüsslich den Mund ab. «Da fällt mir die Geschichte ein, wie ich einmal von Kraken-Piratenoberhaupt Neptor gefangen genommen wurde. Wollt ihr sie hören? Ja oder ja?», fragte sie augenzwinkernd. Smeeralda und Coralline nickten lächelnd.

«Neptor war sehr gefürchtet, weil er jeden seiner Gegner mit seinen starken Kraken-Armen wie eine Fliege zerquetschen konnte. Er hatte immer einen Mordshunger! Auch wenn er gerade erst etwas gegessen hatte, konnte er danach schon wieder ganze Walrösser verdrücken. Man sagte, dass bisher kein Gefangener je wieder lebend aus seinem Verlies entkommen war. Wen er nicht selbst bei lebendigem Leibe verschlang, den warf er seinem potthässlichen Meeresungeheuer vor, das in einer einsamen Höhle tief unter dem Meeresgrund lebte. Nur Neptor und seine Sklaven hatten Zutritt zu dieser Höhle.»

Onda hielt einen Moment inne und sah Smeeralda und Coralline eindringlich an. «Ihr könnt euch also sicher vorstellen, dass ich in jenen Tagen nicht gerade entspannt in seinem Kerker saß und Ärmchen drehte.» Sie verzwirbelte die Enden zweier Arme miteinander, als wären es Daumen. «Doch da kam mir die Idee!» Zur Bekräftigung hob sie die Spitze eines noppigen Arms hoch, damit auch alle weiterhin gut zuhörten.

«Ich schlug ihm vor, ein sagenhaftes Fünf-Gänge-Menü für ihn zuzubereiten, wie er es sein Lebtag noch nicht gegessen hätte. Eine Großtante hat mir ein solches Menü beigebracht. Sie lebt im Mittelmeer vor Marseille, das liegt im Süden Frankreichs», erklärte sie. «Dort kochen sie wie die Meeresgötter! Ich hatte natürlich überhaupt keine Ahnung, ob ich es überhaupt schaffen würde, das Menü auch nur annähernd so deliziös zuzubereiten, wie meine Großtante es mir gezeigt hatte! Doch was blieb mir anderes übrig? Es war meine einzige Chance. Denn elendig sterben wollte ich nicht!», rief Onda mit hochgezogenen Brauen.

Smeeralda und Coralline hörten gespannt zu, als die Tintenfisch-Dame ausführlich berichtete, wie sie verzweifelt versucht hatte, sich in Windeseile an alle Zutaten zu erinnern, die gleich darauf besorgt werden mussten, damit sie anfangen konnte. Wenn sie zu lange gewartet hätte, hätte es sich Neptor vielleicht anders überlegt und sie doch dem Ungeheuer zum Fraß vorgeworfen! Als alle Zutaten herbeigeschafft worden waren, kochte Onda das Menü genau so, wie sie es in Erinnerung hatte.

«Und siehe da!», rief sie laut. «Es schmeckte ihm hervorragend! Neptor, der skrupellose und gefräßige Neptor, dem noch nie zuvor jemand entkommen war, ließ mich noch am selben Tag frei. Aber nur unter einer Bedingung: dass ich ihm das Rezept überließ!»

Sie sah ihre Zuhörerinnen an und machte eine bedeutungsvolle Pause.

«Und genau das hast du gemacht», rief Mister Five Star, der die Stille nicht länger aushielt. Er hatte die Geschichte wohl schon oft gehört.

«Und genau das habe ich gemacht», bekräftigte Onda lächelnd.

«Wie mutig du gewesen bist», sagte Coralline bewundernd. Auch Smeeralda nickte voller Ehrfurcht. So ganz sicher war sie sich nicht, ob die Geschichte wirklich stimmte. Aber spannend war sie allemal. Onda war eine fantastische Erzählerin.

«Wo wir gerade von gefräßigen Ungeheuern sprechen», warf Coralline ein und sah auf ihre vielen vollgeschriebenen Blätter. «Ich habe das Gefühl, ich stehe vor einer ungeheuerlichen Liste an Aufgaben und Reparaturen, die all mein Geld fressen. Und auch alles Geld, das ich jemals zusammentragen könnte ...» Sie seufzte tief. «Ich habe auch nicht die geringste Idee, wo ich all die Dinge, die ich für die einzelnen Zimmer brauche, hier in der Gegend herbekomme.»

«Keine Sorge», antwortete Onda und klopfte ihr beruhigend auf die Schulter. «Gleich heute Nachmittag schwimmen wir drei zusammen in die Stadt. Dort gibt es mehrere Spezialgeschäfte für schöne Farben, Stoffe, Teppiche und Möbel aller Art. Ich kenne die Verkäufer persönlich. Sie können uns sicher einen guten Preis machen. Außerdem», sie machte ein verheißungsvolles Gesicht, «gibt es im Quallen-Café das beste Muschelcreme-Eis, das ihr je gegessen habt!»

Das hörte sich großartig an, und damit war der Nachmittag beschlossen.

ACHT

Ausflug in die Stadt

~~~

Nachdem sie sich ein wenig ausgeruht hatten, trafen sich Smeeralda, Coralline und Onda vor dem Hotel. Onda hatte sich frisch geschminkt und ihre Locken kunstvoll zu einer wilden Mähne aufgetürmt. Auf ihrem Dekolleté glitzerten winzige Sternchen. Smeeralda musste schmunzeln. Sie fand Ondas Stil mutig und cool. Coralline zwinkerte ihr zu. Sie schien das Gleiche zu denken.

«Was habt ihr?», fragte Onda, die das Zwinkern gesehen hatte. «Das Leben ist zu kurz, um unauffällig vor die Tür zu schwimmen! Ich könnte schließlich dem Oktopus meines Lebens begegnen!»

Alle drei lachten. Onda formte die Spitze eines Arms zu einer Schlaufe, schob sie in den Mund und blies hindurch. Ein scharfer Pfiff erklang. Smeeralda staunte. Und sie staunte noch viel mehr, als im nächsten Augenblick drei große Seehunde angeschossen kamen und vor ihnen haltmachten. Sie hatten glänzende, wache Augen und seidiges Fell. Auf ihrem Rücken waren bunte Decken mit Sätteln und kleinen Haltegriffen befestigt. Auf einem Seehund war Smeeralda noch nie geschwommen. Wie aufregend!

«Dann mal los!» Onda zeigte ihr und Coralline, wie man sich in den Sattel schwang und festhielt. Den Seehunden rief sie zu: «Volle Kraft voraus, wir wollen in die Stadt!» Die Tiere gehorchten und schwammen los.

Coralline lächelte Smeeralda glücklich an, während die Seehund-Taxis sanft und zügig durchs Wasser glitten. Sie streckte ihre Hand nach ihrer Tochter aus und hielt sie einen Moment lang fest. Ganz offensichtlich war sie froh, den vielen Aufgaben und Arbeiten für eine Weile zu entkommen.

Smeeralda ließ sich das frische Meerwasser durchs Haar streichen. Es wurde immer heller und klarer, je näher sie der Stadt kamen. Vor ihnen tauchten lustige, bunte Häuser, Muscheln und Riffe auf. Smeeralda sah sich begeistert um. Überall wimmelte es von kleinen und großen Fischen, Krebsen, Schildkröten, Seelöwen, Quallen, Tintenfischen und anderen Meerestieren. Hier und da grüßte Onda ein paar Bekannte und tauschte Neuigkeiten aus. Vor einem hohen Kaufhaus mit unzähligen Fenstern stiegen sie vom Rücken der Seehunde ab. Die Tintenfisch-Dame besorgte den Tieren eine Erfrischung an einem kleinen Stand. Alle drei tranken dankbar, bevor sie sich wieder auf den Weg machten.

Smeeralda sah sich staunend um. Wie schön, dass es eine solche Stadt ganz in der Nähe des Hotels gab! Wenn ihre Freundinnen sie eines Tages besuchten, würde sie mit ihnen ganz bestimmt hierherschwimmen. Hoffentlich kommen sie schon bald, dachte sie. Sie versuchte, Nixe und Undine anzurufen. Ihr war aufgefallen, dass der Empfang hier in der belebten Stadt besser war. Doch keine von ihnen hob ab. Enttäuscht legte sie wieder auf.

Onda strich ihr übers Haar. «Alles wird gut», sagte sie liebevoll. «Du wirst sehen.»

Smeeralda nickte und versuchte, die aufkommende Traurigkeit beiseitezuschieben. Sie folgten Coralline, die bereits auf dem Weg in das Kaufhaus war. Sie schien ganz begeistert von den wunderschönen Teppichen und der weichen Bettwäsche in Meeresfarben. Doch die Enttäuschung folgte prompt, als sie drinnen im Laden die Preisschilder sahen.

«Sehr schön, aber auch sehr teuer», stellte Coralline fest.

In den Geschäften für Stein- und Muschelfliesen, Farben und Holzmöbel aus alten Schiffsteilen war es nicht anders. Die Verkäufer rechneten Coralline aus, was die gesamte Ausstattung für alle Stockwerke kosten würde. Auch die Küche, der große Speisesaal und der Eingangsbereich mussten aufwendig renoviert werden. Als sie die Endsumme hörte, musste sich Coralline erst einmal auf einen großen Seesack sinken lassen. Ihr war schwindlig.

«Das übersteigt all mein Erspartes. Ich könnte einen Kredit bei der Meeresbank aufnehmen. Aber ich bräuchte ewig, um ihn abzubezahlen. Und wir wissen ja noch gar nicht, ob überhaupt so viele Gäste kommen!» Sie sah Onda hilflos an. Smeeralda bemerkte, dass ihre Mutter den Tränen nahe war.

Onda legte Coralline einen Arm um die Schultern und drückte sie fest an sich. «Dann fangen wir eben mit drei Stockwerken an und arbeiten uns Stück für Stück voran. Sobald die ersten Gäste kommen, schwimmt auch Geld zur Tür herein. Und von dem, was übrig bleibt, machen wir weiter. Bis wir eines Tages fertig sind. Was hältst du von der Idee?»

Dieser Gedanke beruhigte Coralline offensichtlich. Sie bestellten gemeinsam die nötigsten Materialien und schwammen wieder ins Freie.

«Also, ich für meinen Teil brauche jetzt erst mal ein großes Eis! Wie sieht's bei euch aus?», rief Onda. Smeeralda und ihre Mutter nickten: «Unbedingt!»

Die Tintenfisch-Dame hatte nicht zu viel versprochen. In dem hübschen, bunt eingerichteten Quallen-Café, in das sie schwammen, gab es fantastisch schmeckendes Eis in verschiedenen Farben. Drei lustige hellblaue Quallen-Brüder führten den Laden. Sie tanzten im Takt der Musik, die im Hintergrund lief, während sie große Eiswaffeln mit den gewünschten Sorten füllten. Zum Abschluss bekam jeder noch etwas blauen Sirup und glitzernde Streusel darauf.

«Na, was sagt ihr? Hab ich euch zu viel versprochen? Nein oder nein?», rief Onda fröhlich, als sie im Freien unter einem der Schirme Platz nahmen, die ebenfalls die Form von Quallen hatten. Mit nur einem Happs verschlang die Tintenfisch-Dame ihr halbes Eis. Dann rief sie einem der Quallen-Brüder zu: «Genau das Gleiche noch mal! Ach was, gleich zweimal!»

Der Kellner hob den Daumen und verschwand ins Innere.

Nach der süßen Stärkung schwammen die drei weiter durch die Stadt. Von einem großen Plakat in einem der Schaufenster grinste ihnen ein Hai entgegen. Er trug eine Schmalzlocke und Sonnenbrille und klimperte mit einem Schlüsselbund. Den kannten sie doch! Es war der Immobilien-Hai.

«Das hier ist eines der Büros von dem Gauner», bestätigte Onda ihnen. An der Tür hing ein Schild: «Morgen mit allen Flossen wieder für Sie im Einsatz!»

«Schade, dass er nicht da ist. Sonst würde ich ihm den Kaufvertrag in sein gemeines Grinsen stopfen», sagte Coralline wütend. «Wie kann man andere nur so betrügen und dabei ein gutes Gewissen haben?»

«Mach dir keine Sorgen! Schlechtigkeit zahlt sich niemals aus. Wir werden uns den Schurken schon noch vorknöpfen! Sieh es doch mal so: Heute sind wir in den ‹17 Wellen› schon einen ganzen Schritt weitergekommen als gestern, oder nicht?»

«Du hast recht», nickte Coralline. Sie holte tief Luft, und ihr gelang ein kleines Lächeln. «Schön, dass die ersten Lieferungen schon morgen kommen. Ich kann es kaum erwarten, wie alles aussieht, wenn die ersten Zimmer fertig sind! Ich muss unbedingt daran denken, den Gästen Bescheid zu geben, die schon nächste Woche anreisen wollten!», sagte sie in Smeeraldas Richtung. Dann wandte sie sich wieder dem Plakat zu. «Wir sprechen uns noch!», rief sie erbost.

Beim Weiterschwimmen kamen sie an einem Laden mit hübschen Geschenkartikeln vorbei. Es gab Ketten und Armbänder aus glitzernden Muscheln und kleinen Steinchen, dazu ausgefallene Teller und Tassen mit Sandverzierungen und gezeichneten Meerestieren.

«Wartet kurz. Ich bin gleich wieder da», rief Onda und verschwand im Laden. Als sie wieder herauskam, überreichte sie Smeeralda und Coralline jeweils eine kleine türkisfarbene Tüte. «Tadaaa, für dich und für dich!»

Smeeralda lugte vorsichtig in das Geschenk hinein und strahlte. «Ui, sind die toll!» Sanft ließ sie die kleinen Glitzermuscheln in eine Handfläche rieseln.

«Muscheln wie diese helfen mir immer, wenn ich Sorgen habe oder mal traurig bin», erklärte Onda.

«Wie meinst du das?», fragte Smeeralda, die sich gar nicht vorstellen konnte, dass die selbstbewusste, fröhliche Onda auch schwierige Tage erleben konnte. Coralline war ebenfalls neugierig.

«Ich gebe jeden Morgen eine Handvoll Muscheln in meine rechte Tasche», erklärte Onda. «Und immer wenn ich über den Tag hinweg etwas Schönes erlebe, dann wandert eine Muschel von der rechten in die linke Tasche. Abends, bevor ich schlafen gehe, zähle ich, wie viele Muscheln in meiner linken Tasche sind. Dann freue ich mich über die vielen guten Dinge, die ich erlebt habe, und schon bin ich nicht mehr traurig! Probiert es aus.»

Smeeralda dachte bereits laut nach: «Eine für diesen schönen Nachmittag», sagte sie und steckte eine der Glitzermuscheln in die linke Tasche ihres Rocks. «Und eine für die neuen Freunde, die ich heute kennengelernt habe! Einen Meerjungen und einen Delfin», fügte sie hinzu, als sie die fragenden Blicke von Onda und Coralline sah. «Macht zwei Muscheln!», rief sie fröhlich. Zufrieden steckte sie die zweite Muschel in ihre Rocktasche und verstaute den Rest sorgsam wieder in der Tüte.

Onda nickte. «Genau so geht das.»

Auch Coralline schien der Gedanke zu gefallen.

«Der Junge und sein Vater kommen übrigens nachher zu Besuch», sagte Smeeralda fröhlich. Da fiel ihr etwas ein. Sie biss sich auf die Zunge. Sie hatte doch mit Mister Five Star Kuchen backen wollen! Bestimmt hatte er schon ohne sie angefangen ... Ob sie das Ergebnis Azuro und Atrian antun konnte?

Sie erzählte Onda von ihrer Sorge. Die lachte schallend. «Wir kaufen besser vorsorglich noch ein paar leckere Stückchen. Dann können dein neuer Freund und sein Vater ohne Bedenken kommen.»

Smeeralda war sehr erleichtert.

Gut gelaunt sahen sich die drei noch eine Weile in der Stadt um, besorgten etwas Süßes zum Kaffee und ließen sich dann von den Seehunden wieder zum Hotel zurückbringen. Unterwegs zeigte Onda Smeeralda, wie man durch zwei Finger pfiff. Bis sie zurück am Hotel waren, klappte es auch bei dem Meermädchen ganz gut.

«Was ist denn hier los? Ich glaub, mein Fisch pfeift!», rief Onda verärgert, als sie durch die Eingangstür schwammen. Auf den Sesseln und Sofas im Foyer und an der kleinen Bartheke schliefen mehrere Seepferdchen. «Denkt ihr etwa, die Arbeit erledigt sich von alleine? Auf, auf!» Die Tintenfisch-Frau schnalzte so laut mit ihren Fangarmen, dass die Seepferdchen erschrocken erwachten. «Es gibt immer etwas zu tun. Man muss nur die Augen offen halten! Alle Zimmer in den Stockwerken Krebs, Muschel und Languste müssen ausgefegt werden! Morgen früh kommen die ersten Materialien, und dann geht es hier richtig zur Sache. Es

muss alles blitzeblank sein. Ich möchte kein Sandkorn mehr sehen, wo keines hingehört!»

Schlaftrunken erhoben sich die Seepferdchen. Onda, die ein sagenhaftes Gedächtnis besaß, wusste noch genau, wen sie in welche Gruppe eingeteilt hatte. Sie schwamm mit der Horde mit, um alle wieder auf die jeweiligen Stockwerke zu verteilen. «Immer zwei von euch kümmern sich gemeinsam um ein Zimmer. Habt ihr verstanden? Und wenn ihr mit einem Zimmer fertig seid, dann kommt das nächste an die Reihe. Capito?»

Die schönen Tiere nickten. Manche von ihnen hatten die Augen noch halb geschlossen. Doch wie es schien, hatten sie Ondas Anweisungen verstanden.

Pünktlich um fünf kamen Azuro und Atrian vorbei. Sie begrüßten Coralline herzlich als neue Nachbarin. Atrian bot ihr sofort seine Unterstützung bei allen schweren Arbeiten an. Coralline freute sich sehr darüber.

Der Kuchen von Mister Five Star war erstaunlich lecker. Der Sternekoch war ein kleines bisschen beleidigt, dass Onda noch zusätzlich etwas besorgt hatte. Doch die Tintenfisch-Dame nahm kein Blatt vor den Mund: «Ich halte große Stücke auf dich, und das weißt du auch, mein Lieber. Aber zurzeit hast du mir einfach zu viele Sterne im Kopf! Das wird schon wieder», sagte sie und tätschelte ihm aufmunternd den Kopf. Smeeralda fand es toll, wie sich die beiden verstanden.

Gemeinsam mit Onda verschwanden Coralline und

Atrian später in der Krebs-Etage, um einen genauen Plan zu erstellen.

Smeeralda und Azuro hatten keine Lust, die Erwachsenen zu begleiten. Sie schwammen nach draußen, um den Garten zu inspizieren oder zumindest das, was davon übrig war. Von ihrem Zimmer aus hatte Smeeralda entdeckt, dass es hinter den großen Beeten, in denen jetzt nur noch ein paar traurig aussehende Pflanzen wuchsen, ein Labyrinth aus Meerbüschen gab.

«Labyrinthe sind toll», fand auch Azuro. Doch auf eine spannende Erkundungstour darin mussten sie beide verzichten, wie sie gleich darauf feststellten. Der Eingang war völlig zugewachsen.

Die große Schaukel auf dem Spielplatz war zu ihrer Freude noch funktionsfähig. Die beiden setzten sich darauf und ließen sich eine Weile hin und her schwingen. Für kleine Meereskinder gab es außerdem noch eine Rutsche, ein Klettergerüst und eine Wippe.

Angeschwemmter Sand und die unvermeidlichen Algen, die sich überall sofort ausbreiteten, ließen den Platz allerdings verwahrlost wirken.

«Es muss früher einmal alles sehr schön gewesen sein», meinte Azuro bewundernd. «Echt mutig von deiner Mutter, ein solches Riesenprojekt in Angriff zu nehmen.»

«Und von deiner Mutter ist es sehr mutig, die Weltmeere zu retten», fand Smeeralda. Die beiden lächelten sich an.

«Wir wollen auch mal schaukeln!», ertönten plötzlich zwei fröhliche helle Stimmen hinter ihnen. Zwei kleine Seepferdchen schwammen neugierig auf sie zu. Mit ihren Zöpfen und den gleichen Haarspangen sahen sie aus wie Zwillinge.

Smeeralda und Azuro überließen den beiden ihre Plätze und schubsten sie sanft an. Die beiden jauchzten, als Smeeralda und der Meerjunge sie langsam immer höher schwingen ließ.

«Unser Papa arbeitet in diesem Hotel!», erzählte ihnen das eine Seepferdchen-Mädchen fröhlich. «Er hat in der Stadt sehr lange nach Arbeit gesucht, aber nichts gefunden. Er ist sehr froh, wieder hier zu sein!»

Ihre Schwester nickte bekräftigend, sodass ihre Zöpfe wackelten. «Ja, unsere Eltern hätten sonst die Miete nicht mehr bezahlen können, und wir hätten uns ein neues Zuhause suchen müssen!»

Smeeralda konnte die Freude der beiden gut nachvollziehen. Es wärmte ihr Herz, dass der Traum ihrer Mutter für diese Seepferdchen-Familie etwas Gutes bewirkt hatte. Ob auch sie sich eines Tages in den «17 Wellen» so richtig wohlfühlen würde? Noch konnte sie es sich nicht so recht vorstellen.

Die Zwillinge baten Smeeralda und Azuro, noch eine Runde Verstecken und Fangen mit ihnen zu spielen. Azuro verzog das Gesicht. Er schien Kinderspiele nicht so gern zu mögen. «Komm, mach mit. Nur ein paar Minuten», ermunterte sie ihn.

Azuro seufzte. Doch dann machte es auch ihm mehr Spaß als gedacht. Wie im Flug verging die Zeit. Als sie sich voneinander verabschiedeten, winkten ihnen die Zwillinge fröhlich und mit leuchtenden Wangen zu. Danach schwammen Azuro und sein Vater wieder nach Hause. Allen hatte der Nachmittag viel Freude gemacht.

«Toll, dass wir so nette Nachbarn haben. Bis bald!», rief Coralline zum Abschied fröhlich.

Smeeralda dachte an Furia im Algenwald. Sie sagte nichts. Ob sie Onda nachher mal allein sprechen konnte?

Das Abendbrot von Mister Five Star, das sie später in der Hotelküche einnahmen, war im Gegensatz zum Kuchen entweder zu fad oder versalzen.

Der Seestern machte ein betrübtes Gesicht, als er die Reaktionen von Smeeralda, Coralline und Onda sah. «Ich war vorhin nur einmal kurz draußen, um Kräuter aus dem Hotelgarten zu holen. Da schwamm mir eine schwarze Muräne über den Weg. Von rechts nach links – das bringt Unglück, wie du weißt!», sagte er zerknirscht zu Onda.

Die Tintenfisch-Dame schnaubte auf. «Es bringt nur Unglück, wenn *du* das glaubst! Es gibt Millionen von schwarzen Muränen. Glaubst du wirklich, die bringen alle Unglück? Dann bräuchte ich keine Tentakel mehr vor die Tür zu setzen, so viele von den Dingern habe ich schon gesehen!»

Sie erhob sich ächzend. «Ich muss noch einmal kontrollieren, was die Seepferdchen heute gemacht haben. Wir bräuchten dringend ein paar ordentliche Handwerker! Aber die arbeiten ja inzwischen alle für den Immobilien-Hai. Dieser Kerl hat sie alle abgeworben und setzt sie nur noch für seine Projekte ein!», erklärte sie Smeeralda und Coralline, die sie fragend anschauten. Dann erhob sie sich schwerfällig. «Möchte noch jemand einen Keks?» Mit einem ihrer Arme angelte sie von einem der Küchenschränke ein Glas mit runden, muschelförmigen Keksen. Sie öffnete den Schraubverschluss und ließ mithilfe eines weiteren Arms drei süße Stückchen auf einmal in den Mund plumpsen. Alle anderen lehnten dankend ab.

Später am Abend lag Smeeralda auf ihrem Bett und schaute auf ihr Telefon. Keine Nachrichten von Nixe und Undine. Sie seufzte und spürte plötzlich einen schmerzhaften Stich in ihrer Brust. Wie sehr sie die beiden vermisste! Bestimmt hatten sie heute wundervolle Dinge unternommen. Da fielen ihr Ondas Muscheln ein. Sie fasste in die rechte Tasche ihres Rocks und holte die beiden Muscheln heraus. Tatsächlich musste sie bei deren Anblick sofort lächeln, als sie an Azuro, Snorri und das leckere Eis im Quallen-Café dachte. Smeeralda holte noch eine dritte Muschel aus ihrer linken Tasche und legte sie dazu. Diese war für die schöne Begegnung mit den Seepferdchen-Zwillingen. Mit einem guten Gefühl schlief sie ein.

NEUN

Im Büro
des Immobilien-Hais

~~~

*A*trian und Azuro kamen am nächsten Morgen wieder. Sie hatten zwei große Werkzeugkoffer dabei und einen kleinen Rollwagen, auf dem etwas Großes unter einem Tuch verborgen war.

«Wo soll ich anfangen?», fragte Atrian und sah sich im Foyer um. «Ich weiß zwar nicht, ob meine beiden Hände bei der vielen Arbeit hier etwas ausrichten können ...»

«Mit Sicherheit», sagte Coralline lächelnd. «Ich bin dir sehr dankbar, dass du gekommen bist.»

Snorri, der die beiden begleitet hatte, steuerte sogleich zielstrebig auf Smeeralda zu. Er stupste sie auffordernd mit seiner Nase an. Sie streichelte ihn beglückt.

«Er mag dich», grinste Atrian. «Was ja auch kein Wunder ist.» Er zwinkerte seinem Sohn zu. Doch der schaute schnell zur Seite und sagte: «Wollen wir sie jetzt schon zeigen oder später?» Er deutete auf das Tuch.

Smeeralda und Coralline sahen sich neugierig an.

«Du darfst unser Willkommensgeschenk gerne jetzt schon zeigen», antwortete Atrian.

Azuro nahm das Tuch ab. Darunter kam eine große goldene Schiffsglocke zum Vorschein. Sie war so auf Hochglanz poliert, dass man sich darin spiegeln konnte.

«Sie hing vor vielen Jahren einmal auf einem prächtigen Kreuzfahrtschiff», erklärte Atrian.

«Sie ist fantastisch, vielen Dank!», rief Coralline begeistert und sah Smeeralda an. «Findest du nicht auch?»

Smeeralda nickte. Auch sie fand die Schiffsglocke wunderschön. Vorsichtig fuhr sie mit den Fingern über das edle Metall. Azuro kam neben sie, streckte den Kopf nah an die Glocke, sodass man sein Gesicht deutlich erkennen konnte, und streckte ihr die Zunge heraus. Die beiden lachten.

Coralline zeigte auf die Wand neben der Rezeption. «Wir könnten damit die Essenszeiten ankündigen», schlug sie vor. «Und wir könnten sie auch als Klingel für die Gäste benutzen!»

Onda schnaubte auf und sah sie missbilligend an. «Eine Klingel ist eine Klingel. Das hier ist ein Ungetüm! Wenn da einer dran zieht, fallen mir die Ohren ab, und das hundertmal am Tag, bei den vielen Gästen, die wir haben werden! Keine gute Idee», rief sie. «Wenn mir das Ding auf den Schädel kracht, bin ich außerdem Tintenmatsch!» Man sah ihr an, dass sie es nicht ganz ernst meinte. «Na, macht schon», meinte sie schließlich. «Aber hängt ein Schild dran, auf dem steht: ‹Bitte vorsichtig läuten›!»

Coralline und Atrian waren einverstanden. Gemeinsam brachten sie die Glocke über der Rezeption an. «Und jetzt an die eigentliche Arbeit!», rief Onda ungeduldig, als das Geschenk fest an der Wand hing.

Während die Erwachsenen im unteren Stockwerk verschwanden, schnappten sich Smeeralda und Azuro zwei Farbeimer, um ihr Zimmer zu streichen. Smeeralda hatte sich im Farbengeschäft für eine Kombination aus dunklem Blau und hellem Türkis entschieden. Zusätzlich wollte sie mithilfe einer selbst gemachten Schablone und einer Mischung aus beiden Farben einige Ornamente auf die Wände malen. Die zauberhafte Delfin-Zeichnung über dem Bett fuhren sie beide vorsichtig mit Pinseln nach.

Snorri, der die beiden immer wieder durch seine Stupser unterbrach, weil er spielen wollte, war allerdings keine große Hilfe. «Wenn du so weitermachst, fällst du uns noch in die Farbe! Wir kümmern uns nachher um dich», versprach ihm Smeeralda und strich ihm sanft über den Kopf. Der Delfin verzog sich auf ein paar weiche Kissen, die sie ihm zurechtgelegt hatten.

Das Streichen war anstrengender und dauerte viel länger, als Smeeralda gedacht hatte. Mehrmals mussten sie Pausen machen. «Danke, dass du mir hilfst», sagte sie zu Azuro. Sie tranken gerade Limonade und vertilgten ein paar von den Plankton-Pastetchen, die ihnen Mister Five Star stolz hereingebracht hatte. Sie schmeckten überraschend gut.

«Logo», sagte Azuro. Er sah sich um. «Als wir vor ein paar Jahren in das U-Boot gezogen sind, gab es nicht so viel zu tun wie hier. Dafür ist es aber auch echt cool, in einem Hotel zu wohnen.»

Smeeralda freute sich, dass es ihm bei ihr gefiel. Sie machte ein paar Fotos von Azuro, als er wieder nach dem Pinsel griff. Der Meerjunge hatte im Eifer des Streichens blaue Farbstreifen auf Stirn und Wangen abbekommen. Er wehrte ab, als er sah, dass Smeeralda mit der Kamera auf ihn zielte. «Lass mal lieber. Ich bin nicht so fotogen oder wie das heißt», sagte er mit schiefem Grinsen.

Smeeralda wollte ihm sagen, dass sie ihn sehr hübsch fand, biss sich aber auf die Lippen. Schnell wandte sie sich Snorri zu. Der Delfin war auf den Kissen eingeschlafen. Kleine Blubberbläschen stiegen von ihm auf. Er schnarchte tatsächlich sehr laut! Sie und Azuro lachten.

Als einige Stunden später die ersten Wände in frischen Farben leuchteten, konnte sich Smeeralda immer mehr vorstellen, dass dies ein sehr schönes Zimmer sein würde, wenn es fertig war. Auch Azuro war sichtlich zufrieden mit ihrem Werk.

Onda streckte ihren großen Kopf zur Tür herein. «Na, wie kommt ihr voran?» Sie klatschte in mehrere Arme, als sie die kreativen Ergebnisse der Kinder sah. «Das ist ja ein wahres Meisterwerk! Euch hätte ich besser gleich *alle* Arbeiten aufgetragen!», rief sie mit einem Augenrollen. «Ich sage euch lieber nicht, was in den anderen Zimmern los ist. Die Seepferdchen haben manche Wände nur bis zur Hälfte gestrichen», erklärte sie, als sie die fragenden Blicke von Smeeralda und Azuro sah. «Dort, wo sie Tapeten hätten anbringen sollen, haben sie große Lücken gelassen. Die Türen wiederum haben sie mit langen Bahnen überklebt. Ach, und als wäre das nicht genug, haben sie die Bilder an den Wänden alle falsch herum angebracht. Sie treiben mich noch in den Wahnsinn!» Sie schüttelte ihren lockigen Kopf.

Smeeralda und Azuro sahen sich an und unterdrückten ein Grinsen. Obwohl Onda sauer war, hatte die Situation auch etwas Komisches. Die Tintenfisch-Dame bemerkte zwei übrig gebliebene Pastetchen auf einem Teller. «Beim Neptun, ich hab schon wieder Hunger!», rief sie und vertilgte die beiden Stückchen mit einem Happs. «Sie sind nicht das Gelbe vom Schildkröten-Ei», murmelte sie mit vollem Mund, «aber man fällt auch nicht tot davon um. Sobald wir die Renovierungen abgeschlossen haben, muss ich mich dringend um diesen Aberglauben von Mister Five Star kümmern. So geht das nicht weiter. Ein abergläubischer Koch ist ein Risiko für jedes Hotel!» Sie schüttelte den Kopf und seufzte tief. «Nun gut, eins nach dem anderen! Ich gehe besser wieder, bevor uns die Seepferdchen noch alle Fenster und Türen zunageln!»

Den ganzen Nachmittag über war handwerkliches Treiben in den Fluren zu hören: Klopfen und Hämmern, Rufen und Lachen ... Dazwischen schneidende Befehle von Onda, die versuchte, die ganze Dienerschar in Schach zu halten, um die gröbsten Fehler und Missgeschicke zu vermeiden.

Beim Abendessen, das aus einem großen Topf Algensuppe mit frischen Meersalz-Kräckern bestand, fehlte Coralline. Atrian sprach es als Erster aus. «Willst du deine Mutter rufen?», fragte er Smeeralda.

Sie nickte und wollte schon losschwimmen, doch Onda hielt sie zurück. «Bestimmt ruht sie sich nur aus. Bring ihr nachher eine Schüssel Suppe ans Bett. So ein Tag wie heute haut selbst den stärksten Seebären um!»

Atrian nickte. «Da hast du recht. Ich habe auch das Gefühl, ich hätte heute Boote gestemmt.» Er machte eine Handbewegung mit zwei Fäusten nach oben, als wären Hanteln darin.

Nachdem sich der Meerjunge und sein Vater verabschiedet hatten, schwamm Smeeralda mit einem Tablett zum Zimmer ihrer Mutter. Onda und Mister Five Star hatten es liebevoll mit allerlei Köstlichkeiten gefüllt.

«Mama?», rief sie leise durch die Tür.

«Komm rein, Liebling», hörte sie die schwache Antwort der Mutter durch die Tür. Smeeralda trat ein. Coralline lag auf ihrem Bett und hatte die Augen geschlossen. Ihr eigenes Zimmer hatte noch keinen frischen

Pinselstrich gesehen, so sehr hatte sie sich zunächst um die Fertigstellung der ersten Gästezimmer gekümmert.

Smeeralda setzte sich auf die Bettkante und nahm die Hand ihrer Mutter. «Ist alles in Ordnung?»

Coralline öffnete die Augen und versuchte ein leichtes Lächeln.

Erschrocken stellte Smeeralda fest, dass sie geweint hatte. «Was ist passiert?», fragte sie leise.

Coralline richtete sich im Bett auf und nahm ihr das Tablett ab. «Wie lieb von euch, danke.» Sie sah Smeeralda an und seufzte. «Ach, Liebes, ich hab mir das alles hier viel einfacher vorgestellt. Ich hätte niemals gedacht, dass es so viel Arbeit werden würde, ein Hotel wie dieses neu zu eröffnen! Obwohl die Seepferdchen ihr Bestes geben, geht es nur sehr langsam voran.» Sie machte eine Pause und holte tief Luft. «Ich bin mir, ehrlich gesagt, nicht mehr sicher, ob das alles eine gute Idee war.»

Smeeralda sah sie fragend an. Was meinte ihre Mutter damit?

Coralline strich ihr sanft übers Haar. «Ich habe in den letzten Tagen nur *meinen* Traum gesehen. Wie schwer muss das alles für dich gewesen sein ... Und jetzt ist es für uns beide hier der reinste Albtraum! Denkst du nicht auch, wir sollten nach Hause zurückkehren und das alles hier einfach sein lassen?»

Smeeralda konnte nicht glauben, was sie gerade gehört hatte. Es schien ihrer Mutter wirklich ernst zu sein mit dieser Frage. Die Gedanken wirbelten wild in ihrem Kopf herum. «Ich glaube, du solltest dich einfach ein bisschen ausruhen», sagte sie nach einer Weile. «Iss ein paar Löffel, bevor die Suppe kalt wird, und dann schlaf dich erst mal richtig aus.»

Das Gleiche hatte ihre Mutter schon öfter zu ihr gesagt, und es hatte immer geholfen. Coralline nickte. Die beiden wünschten sich eine Gute Nacht, und Smeeralda schwamm auf ihr Zimmer. Sie putzte sich die Zähne und ging zu Bett. Wie anders ihr neues Zimmer jetzt aussah. Im Licht ihrer Nachttischlampe wirkte es plötzlich richtig heimelig.

Noch wenige Tage zuvor hätte sie sich nichts sehnlicher gewünscht, als wieder in ihr altes Zuhause zurückzukehren. Doch in der Zwischenzeit hatten sie Onda kennengelernt und Mister Five Star. Dazu Azuro und Snorri ... Sie erinnerte sich auch an die Worte der Seepferdchen-Zwillinge, die so voller Freude darüber gewesen waren, dass der Vater jetzt wieder Arbeit hatte. Was würde es für sie alle bedeuten, wenn das Hotel von einem Tag auf den anderen wieder schließen würde?

«Nein», sagte Smeeralda laut zu sich. «Wir dürfen jetzt nicht aufgeben. Nicht, bevor alles richtig angefangen hat!» Gleich morgen würden sie zum Büro des Immobilien-Hais schwimmen und dem Typen die Meinung sagen. Coralline konnte unmöglich weiter ausbaden, was er ihr eingebrockt hatte!

$\mathcal{D}$och der nächste Morgen verlief anders als geplant. Coralline saß mit Kissen im Rücken und schmerzverzerrtem Gesicht im Bett. «Ich glaube, ich habe mir etwas ausgerenkt», jammerte sie. «Ich wollte schon vor zwei Stunden aufstehen, doch ich kann mich nicht richtig bewegen!»

Smeeralda sah sie besorgt an. «Ich suche Onda. Vielleicht gibt es hier so etwas wie einen Medizinschrank. Und ich sage Mister Five Star Bescheid, dass er dir etwas Leckeres zum Frühstück macht.» Sie schnappte sich das leere Tablett vom Vorabend und schwamm in die Küche.

Das Meerflocken-Müsli, das der Koch gerade angemischt hatte, sah lecker aus, und Smeeralda aß ein kleines Schälchen.

«Der Zebrafisch war heute noch nicht da. Hast du ihn gesehen?», fragte der Seestern kläglich.

Der Zebrafisch trug hier in der Gegend die Zeitung aus. Sie hatte ihm vor ein paar Tagen zugewunken. Wenn er noch nicht gekommen war, bedeutete es, dass Mister Five Star sein Horoskop heute noch nicht gelesen hatte. Smeeralda schüttelte den Kopf und dachte im gleichen Moment: Gut für meine Mutter!

«Könntest du meiner Mama bitte ein Omelett machen und es ihr ans Bett bringen lassen?», bat sie den Seestern. «Sie ist krank und kann heute nicht aufstehen.»

Der Koch nickte. «Das tut mir sehr leid zu hören. Ich werde ihr das beste Omelett zaubern, das ich je zubereitet habe!»

Smeeralda bedankte sich. «Und weißt du, wo Onda ist?», fragte sie. Doch dazu konnte ihr auch Mister Five Star nichts sagen.

Smeeralda suchte ein paar Stockwerke ab. Als sie die Tintenfisch-Dame nicht fand, beschloss sie, ohne sie in die Stadt zu schwimmen. Die Sache mit dem Immobilien-Hai konnte nicht länger warten! Sie wunderte sich über ihren eigenen Mut. Aber sie konnte auch keine Minute mehr mit ansehen, wie ihre Mutter unter seinen üblen Machenschaften litt.

«Ich könnte Azuro bitten, mich zu begleiten», fiel ihr ein. «Zu zweit ist man stärker als allein.»

Azuro sprach gerade über Funk mit seiner Mutter, als

Smeeralda an seine Tür klopfte und den Kopf hereinstreckte. Leise zog sie sich wieder zurück, um die beiden nicht zu stören. Sie setzte sich draußen vor dem U-Boot auf die Treppe und spielte mit Snorri: Sie nahm eine Muschel in eine Hand, zeigte sie dem Delfin, verschloss beide Hände und vertauschte sie vor seiner Nase. Treffsicher fand das schöne Tier immer wieder heraus, in welcher Hand die Muschel war. Er stupste jedes Mal die richtige an. Smeeralda war begeistert.

«Geht es deiner Mutter gut?», fragte sie Azuro, als er ins Freie kam.

Der Meerjunge nickte. Seine Wangen leuchteten. Offensichtlich war er froh, die Stimme seiner Mutter gehört zu haben. «Wenn alles klappt, kommt sie in einer Woche nach Hause. Wenn ...», fügte er noch hinzu. Sein Gesicht verdüsterte sich ein wenig.

«Bestimmt klappt es diesmal!», rief Smeeralda. Dann erzählte sie ihm von ihrem Plan, den Immobilien-Hai aufzusuchen.

«Gute Idee. Ich bin dabei», sagte Azuro entschlossen, der den Ernst der Lage ebenfalls erkannte. «Glaubst du, deiner Mutter ist das recht, dass wir alleine hingehen?»

Smeeralda überlegte kurz. «Ich glaube, im Moment ist ihr alles recht, was uns weiterbringt!» Sie steckte Daumen und Zeigefinger in den Mund und wollte zwei Seehunde rufen. Doch das Pfeifen klappte nicht sofort. Aus ihrem Mund kam nur ein leises Fiepen.

«Wen willst du damit anlocken? Eine alte Seeschnecke?», lachte Azuro. «Oh, da kommt schon eine!», rief er und deutete nach rechts.

Smeeraldas Blick folgte seinem Finger – da bemerkte sie, dass er sie veralbert hatte. Sie knuffte ihn in die Seite. Azuro zeigte ihr noch einmal, wie man nach den Seehund-Taxis pfiff. «Du musst richtig Kraft hineingeben, so!»

Ein lauter, klarer Pfiff erklang zwischen seinen Fingerspitzen. Er blies noch einmal, weil sie zu zweit waren. Schon im nächsten Moment tauchten zwei wunderschöne junge Seehunde auf. Azuro nannte ihnen das Ziel der Fahrt. In geschmeidigen Bewegungen schwammen die Tiere los. Unterwegs kamen sie an den «‹17 Wellen» vorbei. Dahinter war der Algenwald zu erkennen.

Plötzlich vernahm Smeeralda ein merkwürdiges Geräusch. «Hörst du das auch?», fragte sie Azuro. Der Meerjunge nickte.

«Klingt nach einem Brodeln und Zischen», sagte er. Im gleichen Moment kam ein Sandwirbel aus dem Algenwald auf sie zu.

«Schwimmt unter den großen Felsen!», rief Azuro den Seehunden zu. «Dort sind wir in Sicherheit.» Die Seehunde taten, was er sagte. Zu viert versteckten sie sich unter einem Felsvorsprung. Smeeralda und Azuro beobachteten die Sandwolke, die sich langsam auf sie zubewegte.

Plötzlich ertönte eine kreischende Stimme, die das Meermädchen schon einmal gehört hatte: «Ihr könnt so viel reparieren, wie ihr wollt! Dieses Hotel wird nie wieder eröffnen, dafür sorge ich! Ich werde euch einen Denkzettel verpassen, der sich mit allen Meerwassern gewaschen hat!» Ein wütender Aufschrei folgte diesen Sätzen.

Smeeralda sah Azuro erschrocken an. Ihr Herz klopfte wie wild. Hatte sie eben richtig gehört? War das wieder ihre keifende Nachbarin aus dem Algenwald? Und hatte sie gerade gedroht, etwas Böses zu tun? Smeeralda wollte den Mund aufmachen, doch der Meerjunge legte den Finger an die Lippen. Der Sandwirbel war inzwischen so nah gekommen, dass man erkennen konnte, wer sich darin befand: ein riesiger, runder rotbrauner Fisch mit messerscharfen Zähnen und Funken sprühenden Augen. So sah Furia also aus. Sie saß auf einem Gefährt, das aus alten Fässern gebaut war. Es wirkte, als würde es jeden Moment in seine Einzelteile zerfallen. Dennoch fuhr Furia rasend schnell. Sie sah sehr wütend aus. Ein kleines Lämpchen, das offensichtlich aus ihrer Stirn wuchs, baumelte wild hin und her. «Wenn es *unser* Hotel nicht mehr gibt, dann auch kein anderes!», schrie sie, ließ den Motor ihres Gefährts aufheulen und fuhr haarscharf an dem Felsen vorbei. In ihrem Zorn hatte sie Smeeralda, Azuro und die beiden Seehunde nicht bemerkt.

Die vier wagten sich erst hervor, als Furia in einiger

Entfernung war. Der aufgewirbelte Sand war noch lange zu erkennen.

«Was meinte sie mit ‹unser Hotel›?», fragte Smeeralda. Sie sah Azuro an. Der Meerjunge bemerkte, wie aufgeregt sie war. «Hey, du zitterst ja! Ich weiß auch nicht, was sie damit meint. Aber mach dir keine Sorgen. Bestimmt hat sie nur wieder eine ihrer Launen», redete er beruhigend auf sie ein. So ganz sicher klang er allerdings auch nicht.

«Und wenn nicht? Wir müssen meiner Mutter und Onda Bescheid sagen!», rief Smeeralda. Sie wollte bereits mit ihrem Seehund losschwimmen.

«Warte.» Azuro sah auf die Uhr. «In einer halben Stunde schließen die Geschäfte in der Stadt und machen Mittagspause. Ich denke, wir sollten zuerst zum Immobilien-Hai und dann auf dem schnellsten Weg wieder hierher.»

Smeeralda war einverstanden und sehr froh, dass sie den Meerjungen gebeten hatte, sie zu begleiten. Die Seehunde brachten sie in Windeseile in die Stadt. Sie durchschwammen Straßen, die Smeeralda inzwischen bekannt vorkamen. An einigen Laternen waren heute bunte Plakate befestigt, auf denen ein freundlich lächelnder Wal zu sehen war. «Morgen ist Wa(h)l-Tag! Wählen Sie jetzt Ihren neuen Bürgermeister!» Smeeralda fand, dass der Wal, der zum Stadtoberhaupt kandidierte, sehr sympathisch aussah.

Die Seehunde setzte sie und Azuro vor dem Büro des

Immobilien-Hais ab. «Wartet hier auf uns», bat Smeeralda die Tiere. Gehorsam nahmen sie draußen vor dem Schaufenster Platz.

Der Hai telefonierte und sprach dabei mit so lauter Stimme, dass sie bis nach draußen hören konnten, was er sagte.

«Selbstverständlich ist das Haus in einem Top-Zustand!», rief er gerade.

Smeeralda legte die Hände an die Schläfen und beobachtete ihn durch das Fenster. Zwei Putzerfischchen schwirrten auf beiden Seiten um den Hai herum. Eines brachte seine Frisur in Ordnung und stellte die Stirnlocke wieder auf. Das zweite wischte mit seinen Flossen ein paar Sandkörnchen von seinen Schultern.

«Nein, nein, Sie brauchen gar nichts an der Immobilie zu machen! Schlüsselfertig heißt: Sie können einfach einziehen! Natürlich müssen sie vorher noch bezahlen! Bezahlen, einziehen – genau in der Reihenfolge!» Er lachte gierig.

Scheinbar war sein Gegenüber am anderen Ende der Leitung noch nicht überzeugt. Während er ihm zuhörte, nahm der Hai gelangweilt einen spitzen Brieföffner vom Tisch und pulte sich damit zwischen den Zähnen herum. Als er den Brieföffner wieder herauszog, klebten Algenfetzen daran. Der Hai betrachtete sie angewidert, dann warf er den Brieföffner aus der geöffneten Tür. Er landete zwischen Smeeralda und Azuro im Sand. Die beiden sahen sich an.

«Hören Sie, ich habe nicht ewig Zeit! Ich muss gleich zu einem Termin!», rief der Hai unwirsch weiter. «Sie überweisen das Geld noch heute, und das Haus gehört Ihnen! Abgemacht?» Er lauschte kurz, nickte zufrieden und knallte den Hörer auf. «Geht doch!» Er rieb sich die Flossen. «100 000 für mich cäsch in de Täsch. So will ich das haben – und nicht anders.»

Smeeralda wurde bei seinen Worten sehr wütend. Genau so hatte er es sicher auch mit ihrer Mutter gemacht! Sie holte tief Luft, schwamm in den Laden und

rief: «Haben Sie gerade wieder einen Ihrer Kunden angelogen?» Sie hoffte, dass ihr der Hai die Aufregung nicht ansah. Innerlich zitterte sie, aber besonders vor Wut.

Der Hai kniff seine Augen zu schmalen Schlitzen zusammen. «Wer bist du denn? Und was redest du da!» Sein Gesicht hatte keinerlei Ähnlichkeit mit dem Lächeln auf dem Plakat im Schaufenster.

«Mein Name ist Smeeralda. Sie haben meiner Mutter das Grandhotel ‹17 Wellen› verkauft. Um nicht zu sagen, auf übelste Weise angedreht!», antwortete das Meermädchen. Ihre sonst so fröhlichen Augen blitzten wütend.

«Ach, den alten Kast... ähm, ich meine natürlich, das wunderbare ehrwürdige Hotel!», rief der Hai mit einem unechten Lächeln. «Eine fantastische Immobilie! Sehr gefragt und äußerst wertvoll! In zwei Jahren erhält deine Mutter das Doppelte dafür, wenn sie es wieder verkauft. Sie hat es außerdem zu einem unverschämt günstigen Preis bekommen! Also sei dankbar und verschwinde, ich habe zu tun!»

Doch Smeeralda war noch nicht fertig. Sie vermied es, auf die riesigen Zahnreihen des Hais zu schauen, die so aussahen, als könnten sie sie mit nur einem Bissen zu Fischmehl zermahlen. «Meine Mutter hat Ihnen und Ihren gefälschten Bildern in der Broschüre geglaubt. Doch es war alles gelogen! Sie haben alles nur vorgetäuscht! Das Hotel ist eine Bruchbude, und Sie haben das genau gewusst!», warf ihm Smeeralda an den Kopf.

Der Hai setzte ein schmieriges Lächeln auf. Doch am Blitzen seiner Augen konnte Smeeralda erkennen, dass er wütend war. «Hör zu, du kleine Nixe Oberschlau! Deine Mutter hätte jederzeit vorbeikommen können, um die Immobilie zu besichtigen!», rief der Hai. «Ich habe sie zu nichts überredet!»

Doch Smeeralda schüttelte den Kopf. «Doch! Sie haben sie gedrängt und gesagt, dass alles ganz schnell gehen muss! Wahrscheinlich haben Sie meine Mutter genau deshalb ausgesucht, weil wir nicht mal eben schnell vorbeikommen konnten! Wir haben vorher am anderen Ende des Meeres gewohnt!» Sie bemerkte, dass ein Augenlid des Hais zuckte. Sie hatte ihn also ertappt. «Das werden wir Ihnen nie verzeihen. Niemals!», rief sie.

Der Hai sprang auf. «Jetzt ist Ende Gelände!», schrie er. «Der Vertrag ist unterschrieben, und deiner Mutter gehört das Hotel! So ist das eben im Leben! Und jetzt raaauuusss!»

Smeeralda konnte bis in die Tiefen seines Maules sehen. Die Putzerfische schwammen mit grimmiger Miene auf sie zu. Doch das Meermädchen dachte nicht daran wegzuschwimmen. Noch nicht. Aus den Augenwinkeln nahm sie wahr, dass auch Azuro in den Laden gekommen war.

«Da wäre noch eine Sache», sagte sie. «Wenn Sie den Kauf nicht rückgängig machen wollen, dann brauchen wir von Ihnen alle Unterstützung! Meine Mutter schafft die Renovierung nicht alleine!»

Der Hai war inzwischen wieder in seinen Sessel gesunken. Er hatte die Flossen verschränkt und grinste hämisch. «So, so. Du glaubst wohl, der erfolgreichste Immobilien-Hai weit und breit lässt sich von dir Dreimuschelhoch sagen, was er zu tun und zu lassen hat?! Und wer bist du?», rief er Azuro zu. «Geht nach Hause, spielt mit eurer Sandburg und lasst mich in Ruhe!»

Da schwamm Azuro nach vorne. «Sie schicken noch heute alle Ihre guten Handwerker im Hotel vorbei, oder wir erzählen alles dem zukünftigen Wal-Bürgermeister», sagte er. Er sprach ruhig und klar, doch an dem Funkeln seiner dunklen Augen konnte Smeeralda erkennen, wie wütend auch er war.

Um das Maul des Hais zuckte es. Er schien Respekt vor dem Wal zu haben.

«Genau! Das ist das Mindeste, das Sie für uns tun können, um uns aus der Patsche zu helfen – in die wir ohne Sie nie hineingeschlittert wären!», rief Smeeralda. «Und das Wellen-LAN funktioniert auch nicht, obwohl es dick und fett im Prospekt steht! Auch das werden wir dem Bürgermeister sagen», fügte sie hinzu. «In wenigen Tagen ist die Eröffnung unseres Hotels. Dem Bürgermeister liegt es sicher sehr am Herzen, dass hier in der Nähe wieder ein so großartiges Hotel entsteht. Denn dann kommen in seine Stadt viele Meerfamilien und Tiere von weit her! Wenn die Handwerker nicht bis heute Abend bei uns sind, dann erzählen wir ihm, wie Sie mit Ihren Kunden umspringen. Und dann will keiner mehr was mit Ihnen zu tun haben!»

Bei diesen Worten schnappte der Hai nach Luft. Er sah zwischen dem Meermädchen und dem Jungen hin und her. Ihm fehlten die Worte, und er konnte nur noch mit den Flossen wedeln zum Zeichen, dass sie verschwinden sollten.

Smeeralda gab Azuro ein Zeichen. Gemeinsam schwammen sie zur Tür. Kurz bevor sie sie erreichten, drehte sie sich noch einmal um. «Die Handwerker sollen alle Materialien mitbringen, die sie haben. Es muss für alle neun Stockwerke und die gesamte untere Etage reichen!»

«Es darf auch auf keinen Fall das billigste Material verwendet werden, sondern nur das beste», fügte Azuro hinzu. «Schließlich haben Sie Smeeralda und ihrer Mutter ein Grandhotel verkauft, oder etwa nicht?» Der Meerjunge warf dem Hai einen herausfordernden Blick zu. Dann nahm er Smeeralda an der Hand. Gemeinsam schwammen sie ins Freie.

Draußen warteten die Seehunde auf sie. «Nichts wie weg», sagte Azuro zu ihnen. «Bringt uns, so schnell ihr könnt, zurück zu den ‹17 Wellen›!»

Smeeralda und er schwangen sich auf den Rücken der Tiere. Und los ging die Fahrt!

«Na, das haben wir doch gut hingekriegt, oder?»,

meinte Azuro, als sie die Stadt hinter sich gelassen hatten. Sein Seehund schwamm direkt neben dem von Smeeralda.

Das Meermädchen nickte. «Einen Moment lang hatte ich Angst, dass er uns auffrisst», sagte sie. «Ich finde, wir sind ein echt gutes Team!» Sie hob ihre Hand, und Azuro klatschte sie lachend ab.

*A*ls Smeeralda kurze Zeit später ins Hotel schwamm, erwartete sie eine Überraschung: Das Foyer sah deutlich schöner und freundlicher aus als am Morgen. Die Wände waren in einladendem Weiß, Hellblau und Dunkelblau gestrichen. Der Kronleuchter funkelte von der Decke. Erst jetzt sah man die filigranen Seesterne und Delfine aus Glas, die daran hingen und sich um ihre eigene Achse drehten. Sie glitzerten und leuchteten, dass es eine Pracht war.

«Na, was sagst du?», fragte Onda, die neben ihr aufgetaucht war.

«Er ist wunderschön ...», flüsterte Smeeralda.

Onda fuhr plötzlich herum. Aus den Augenwinkeln hatte sie bemerkt, dass zwei Seepferdchen beinahe einen offenen Eimer Farbe fallen gelassen hätten. «Ihr müsst den Deckel schließen! Und geht sparsam mit der Farbe um. Es ist der letzte Eimer!», rief die Tintenfisch-Dame.

An Smeeralda gewandt meinte sie: «Wenn dieser Eimer verbraucht ist, geht es erst mal nicht weiter. Schade.» Sie zeigte auf eine große Wand gegenüber der Bar. «Es wäre zu schön gewesen, wenn diese Wand auch noch frisch gestrichen worden wäre. Aber dafür müsste ich zaubern können, und das kann selbst *ich* nicht! – Deine Mutter ist immer noch oben in ihrem Bett. Sie kann nicht aufstehen, obwohl sie es unbedingt will. Ich habe ihr gesagt, sie soll sich ausruhen, damit ihr Rücken nicht noch schlimmer wird. Sonst fällt die Eröffnung nämlich garantiert ins Wasser, und das will keiner von uns!»

Smeeralda nickte. Sie wollte ihr gerade von der Begegnung mit Furia erzählen, da ertönten draußen vor dem Hotel laute Geräusche.

Knattern, Röhren, Hupen und einstimmiges Singen war zu hören. Nanu, wer kam denn da? Smeeralda und Onda schwammen zum Eingang – und machten große Augen. Davor stand eine Brigade von Handwerkerfischen in den verschiedensten Anzügen. Sie waren mit Booten und anderen Meeresfahrzeugen gekommen, die voll beladen waren mit Eimern, Schaufeln, Besen, Leitern, Farben, Fliesen, Zementsäcken und vielem mehr.

Smeeralda strahlte. «Es hat funktioniert!»

Onda sah sie verwirrt an. «Wovon redest du? Hast du die etwa alle bestellt?»

«So ähnlich.» Smeeralda berichtete ihr in aller Kürze von ihrem Ausflug mit Azuro in die Stadt. Ondas

Augen wurden kugelrund. «Ihr seid einfach so reingeschwommen bei diesem Kerl und habt ihm die Meinung gesagt?» Die Tintenfisch-Dame schüttelte den Kopf. Dann lachte sie schallend und hielt sich den wogenden Bauch, dass selbst die robusten Handwerker einen Moment ganz still wurden und ungläubig auf das schauten, was da vor sich ging.

Als Onda sich wieder beruhigt hatte, drückte sie Smeeralda an sich. «Ich wusste gleich, dass du etwas ganz Besonderes bist, schon als ich dich zum ersten Mal sah! Das habt ihr wirklich gut gemacht, du und dein neuer Freund!»

Sie schwammen gemeinsam mit den Handwerkern hinein, und Onda wies alle ein. Kurze Zeit später wurde gesägt, gemalert, verputzt, gefliest und dabei lauthals gesungen, was die Kehlen hergaben. Coralline, die angelockt von den Geräuschen vorsichtig aufgestanden und heruntergekommen war, traute ihren Augen nicht.

Innerhalb weniger Stunden waren mehrere Zimmer komplett fertig. Sogar besonders schöne Teppiche, Wandbehänge und Vorhänge hatten die Handwerker mitgebracht.

«Du und Azuro, ihr habt sichtlich Eindruck auf den Hai gemacht. Das war sehr mutig von euch», sagte Coralline beim Abendbrot zu Smeeralda.

«Das finde ich auch!», rief Onda. «Aber in Zukunft machen wir solche Ausflüge besser gemeinsam. Mit Gaunern wie dem ist nämlich nicht zu spaßen!»

117

Smeeralda nickte. Dennoch war sie insgeheim stolz. Als sich Coralline als Erste ins Bett zurückzog und Mister Five Star wieder in einer Wolke aus Spülschaum verschwunden war, schwamm Smeeralda noch einmal zu Onda. Die wischte gerade mit mehreren kleinen Schwämmchen den Tisch ab. Smeeralda staunte, wie schnell sie war und wie gut sie ihre vielen Arme koordinierte.

«Was ist eigentlich mit dieser Furia los?», fragte sie so beiläufig wie möglich.

Sie hatte den Namen der Nachbarin kaum ausgesprochen, da hielt Onda mit allen Armen gleichzeitig inne und sah sie scharf an. «Warum fragst du das?»

«Ich habe sie draußen im Meer gesehen», antwortete Smeeralda. «Sie scheint nicht sehr glücklich über die Neueröffnung der ‹17 Wellen›.»

Onda seufzte. «Ich hätte es dir und deiner Mutter längst sagen sollen ...» Sie machte eine kurze Pause, bevor sie weitersprach. «Unsere Nachbarschaft mit Furia ist schwierig, seit ich denken kann. Sie hat schon immer fürchterliche Dinge angestellt, wenn viele Gäste hier waren.» Onda schüttelte ihren großen Kopf. «Ich darf gar nicht dran denken! Wie oft hat sie Gegenstände durch die offenen Fenster geworfen. Viele Gäste wurden beim Mittagsschlaf gestört oder sogar am Kopf getroffen. Einige Male ist sie mit ihrem komischen Gefährt so nah an die Gäste herangerast, dass diese sich zu Tode erschreckt haben. Und ausgerechnet dann, wenn fröhliche Feiern bei uns im Garten stattfanden, hat sie mit einer großen Maschine ihre Algen geschnitten. Das war nicht nur wahnsinnig laut, sondern hat auch wie verrückt gespritzt. Danach sahen alle Damen und Herren in ihren wunderschönen Anzügen und Kleidern aus, als hätten sie ein Algenbad genommen! Ich bin mehrmals zu Furia hingeschwommen und habe sie gebeten, damit aufzuhören. Aber nein! Sie hat einfach weitergemacht! Dazu kommen ihre Launen ... Der Postfisch und der Zebrafisch weigern sich inzwischen, ihr die Post und die Zeitungen zu bringen, weil sie den beiden in ihrer Wut mal ganze Fässer hinterhergeworfen hat! Wenn du mich fragst, mir braucht diese Hexe von Fischfrau nicht über den Weg zu schwimmen! Ich würde sie auf der Stelle in Stücke reißen für all das, was sie unseren Gästen und dem Hotel angetan hat!»

Onda fuchtelte wild mit ihren Armen herum. Dann holte sie tief Luft. «Ich muss mich wieder beruhigen. Zu viel Ärger ist nicht gut fürs Herz.» Sie sah Smeeralda eindringlich an. «Kein Wort zu deiner Mutter von alledem! Sie hat genug um die Ohren. Ihre Nerven und ihr Rücken vertragen im Moment nicht auch noch fürchterliche Geschichten aus der Nachbarschaft! Wir erzählen es ihr irgendwann, aber nicht heute. Einverstanden?»

Smeeralda nickte. Ondas Gesicht entspannte sich und ging in ihr strahlendes Lachen über: «Wenn die Handwerker, die du uns auf so wunderbare Weise besorgt hast, so weitermachen, dann können wir schon in wenigen Tagen eröffnen! Und bis dahin lassen wir uns von Furia und ihren Launen nicht das Leben schwer machen ... Okay?»

Smeeralda nickte erneut. Was Onda ihr erzählt hatte, ging ihr bis zum Abend nicht aus dem Kopf. Als sie in ihr Bett schlüpfte, sah sie auf ihrem Nachttisch die Tüte mit den Glitzermuscheln. Höchste Zeit, an etwas Schönes zu denken! Sie nahm zwei Muscheln heraus. Sie waren für ihren Besuch mit Azuro beim Immobilien-Hai. Smeeralda fand, dass ihr Mut und die tatkräftige Unterstützung, die sie von Azuro erhalten hatte, gleich zwei Muscheln wert war. Eine dritte nahm sie noch dafür heraus, dass die Handwerker so schnell gekommen waren und es dadurch ihrer Mutter besser ging. Als sie die drei betrachtete, fühlte sie sich schon viel wohler als zuvor. Sie legte die Muscheln vorsichtig auf ihren Nachttisch und hatte kaum die Augen geschlossen, da überkam sie mit der nächsten Welle ein tiefer, traumloser Schlaf.

ZEHN

Alles voller Algen!

~ ~ ~

*D*rei Tage lang arbeiteten die Handwerker flink und sorgfältig. Sie waren die besten der ganzen Region, wie Onda gesagt hatte. Es waren viele Sägefische und Hammerhaie darunter, die die Reparaturarbeiten erledigten, sowie starke Kraken, die mit Leichtigkeit schwere Möbelstücke tragen konnten und beim Verputzen, Tapezieren und Streichen mit ihren vielen Fangarmen in Windeseile vorankamen.

Da es nichts mehr gab, wobei Smeeralda helfen konnte, zog sie sich öfter in ihr Zimmer zurück. Sie hatte angefangen, ein Bild zu malen, das die «17 Wellen» darstellte. Die erste Skizze war ihr schon recht gut gelungen.

Einmal streckte Coralline den Kopf zur Tür herein. Ihr Gesicht leuchtete vor Begeisterung. «Hier bist du. Ist alles in Ordnung bei dir, Liebes?» Smeeralda nickte lächelnd. «Die Handwerker sind so wundervoll! Sie haben alle Zimmer und Flure genau in den Farben gestrichen, wie ich es mir gewünscht habe. Und sie führen die Arbeiten nicht nur sehr professionell aus, sondern haben auch noch viele eigene Ideen! Aus unserem Hotel wird ein richtiges Schloss! Was sagst du?»

Smeeralda freute sich, ihre Mutter so glücklich zu sehen.

Plötzlich hörten sie unten die Schiffsglocke läuten. Neugierig eilten sie ins Foyer, wo Onda auf der Stelle schwamm und sich gequält die Ohren zuhielt.

«Ich wusste es, dass ich von dem Ding taub werde! Ich wollte nur einmal läuten, um euch zu rufen. Nie wieder fasse ich dieses Monstrum an!»

«Aber die Glocke sieht toll aus», meinte Smeeralda. Onda sah sie verständnislos an, doch in ihren Augenwinkeln sah man schon ein Lächeln herannahen.

«Kommt mit!» Sie bedeutete den beiden, ihr zu folgen. «Der Grund, warum ich euch gerufen habe, ist nicht hier ... sondern ... Tadaaa!», meinte sie, als sie alle drei vor dem Eingang des Hotels angekommen waren. Die Tintenfisch-Dame zeigte an der Fassade nach oben.

In bunten Buchstaben, die von kleinen Lampen angestrahlt wurden, leuchteten die Wörter «Grandhotel 17 Wellen» über ihnen.

«Ach du liebe Zeit! Das ist ja ... fantastisch!», rief Coralline. Sie hatte die Hand vor den Mund geschlagen. «Man hat das Gefühl, in ein berühmtes Theater zu kommen!»

Das fand Smeeralda auch.

«Ich dachte, meine kleine Überraschung könnte euch

gefallen. Man soll euer neues Zuhause ja schließlich auch von Weitem sehen können», meinte Onda. Smeeralda spürte, wie stolz die Tintenfisch-Frau auf ihr Werk war. Und das konnte sie auch sein.

Sie wollten gerade wieder hineinschwimmen, da bemerkten sie, dass einige große Pflanzenkübel umgefallen waren. Die Handwerker hatten sie am Tag zuvor mitgebracht und aufgestellt. Der Sand und die farbigen Steine, die in den Kübeln gelegen hatten, waren überall auf dem Meeresboden verstreut.

«Was ist denn da passiert?», fragte Onda. «Das gehört aber nicht zu meiner Überraschung!» Sie sah sich um. «Es hat doch gar keinen Wassersturm gegeben ... Seltsam.»

Coralline wollte einen der Kübel wieder aufstellen, doch Onda hielt sie davon ab. «Lass das bloß sein. Ich bin froh, dass es deinem Rücken wieder besser geht. Ich werde die Handwerker darum bitten, das in Ordnung zu bringen.»

Smeeralda fiel auf, dass die Tintenfisch-Dame sich noch einmal im Türrahmen umdrehte und ihrem Blick auswich, als sie anschließend hineinschwammen. Dachte Onda das Gleiche wie sie? Steckte Furia hinter den umgeworfenen Pflanzen? «Lasst uns was trinken, Kinder!», rief Onda drinnen betont fröhlich, als sie Mister Five Star entdeckte. Der Seestern stand gerade an der Bar und räumte frische Gläser und Flaschen mit bunten Flüssigkeiten in die Regale ein. Die Bar, an der

die Gäste künftig leckere Cocktails und andere Getränke bestellen konnten, wirkte so einladend, dass man
direkt Platz nehmen wollte. Die alten Barhocker waren
durch neue ersetzt worden. Ihre silbernen Füße waren
aus ineinander verschlungenen Fischkörpern geformt.
Die Sitzbezüge waren aus violettem Samt und wirkten
sehr edel. An die Wand hinter der Bar hatte einer der
jungen Kraken, der ein besonders künstlerisches Tentakel hatte, ein Meeresmotiv gemalt: einen Felsen, auf
dem eine Meerjungfrau saß. Sie hielt eine Muschel mit
einer Perle in der Hand.

«Sag mal, schiele ich, oder bist das du?», rief Onda
und verglich das gemalte Bild mit Smeeralda. Tatsächlich hatte das Meermädchen große Ähnlichkeit mit
dem Kunstwerk. Der junge Krake, der das Bild gemalt
hatte und gerade an ihnen vorbeischwamm, zwinkerte
Smeeralda zu. «Gefällt es dir?»

«Und wie!» Das Meermädchen lächelte und war stolz
darauf, an der Wand verewigt zu sein. Sie und Onda
setzten sich auf zwei Hocker.

«Tauchst du heute noch mal auf? Sag schon, was
hast du im Angebot, du alter Fünf-Sterner?», rief Onda
übermütig und zwinkerte Smeeralda zu.

Hinter der Bar war der große, gebeugte Rücken von
Mister Five Star zu sehen, der scheinbar etwas suchte.
Der Seestern tauchte mit gerötetem Kopf auf. «Habt ihr
die Zeitung von heute gesehen?», fragte er.

«Nein», sagte Onda, ohne das Gesicht zu verziehen.

«Mach uns lieber was zu trinken, wir verdursten. Ich könnte einen ganzen Ozean wegzischen!»

Smeeralda hatte das Gefühl, dass die Tintenfisch-Dame mehr wusste, als sie zugab. Doch sie sagte nichts.

«Da ist doch seltsam», meinte Mister Five Star ratlos. «Ich habe den Zeitungs-Zebrafisch heute Morgen hier hereinkommen sehen!»

«Vielleicht hast du ihn verwechselt. Diese Zebrafische sehen doch einer wie der andere aus.»

Smeeralda versuchte, an Ondas Gesicht abzulesen, was sie wusste. Doch die sah sie nur unschuldig an.

Nachdenklich griff der Seestern nach drei Gläsern und mehreren bunten Flüssigkeiten, die fein säuberlich aufgereiht hinter ihm im Regal standen, und stellte sie auf die Theke. Aus dem Eisfach des mannshohen Kühlschranks holte er eine Schaufel frisch zubereiteter Eiswürfel und befüllte jedes Glas damit bis zur Hälfte. «Wem darf ich als Erstes was Feines mixen?», fragte er.

«Mir!», rief Smeeralda und hob die Hand.

«Mir natürlich, Alter kommt immer vor Schönheit!», rief Onda gespielt entrüstet. Die beiden lachten. «Ich glaube, als Erstes braucht deine Mutter was zur Stärkung», meinte Onda. «Nach all der Aufregung der letzten Tage fällt sie uns sonst noch vom Hocker», raunte Onda. Sie gab dem Seestern ein Zeichen. «Eine große *Bloody Onda* für Coralline!», rief sie.

Mister Five Star gehorchte und befüllte ein Glas für Coralline mit Eiswürfeln und einer tiefroten Flüssigkeit, der er noch einen Schuss dunkelblauen Sirup zugab. Zum Abschluss löffelte er noch einige Fruchtstücke obenauf, steckte einen Strohhalm hinein und setzte dem Ganzen ein buntes Schirmchen auf.

«Für mich das Gleiche, aber ohne viel Tamtam!», sagte Onda, als er ihr Glas nahm. «Ich will was zu trinken und keinen Obstsalat!» Doch man sah ihr an, dass ihr die Cocktails gefielen, die Mister Five Star zubereitete. Sie konnte es kaum erwarten, bis er auch Smeeraldas Cocktail fertig gemixt hatte, damit sie endlich anstoßen konnten.

Smeeralda bekam eine wunderschöne Komposition aus dunkelblauem, türkisfarbenem und gelbem Saft, die der Seestern so verrührte, dass es aussah wie ein Strandufer mit kleinen Wellen. Alle waren begeistert und stießen auf ihre Freundschaft und die Eröffnung des Hotels an.

«Was meinst du, sind wir in drei Tagen so weit?», fragte Coralline vorsichtig. «So langsam müssten wir Werbung machen. Wobei wir damit eigentlich schon viel früher hätten anfangen müssen. Aber in dem ganzen Durcheinander habe ich es schlicht und einfach –»

«Selbstverständlich eröffnen wir in drei Tagen!», wurde sie von Onda unterbrochen. «In drei Tagen werden die Bewohner der Weltmeere erleben, was ein richtiges Grandhotel ist! Sie werden uns die Bude einschwimmen, ihr werdet sehen!» Sie hob ihr Glas. «Prost! Auf unser aller Wohl und das der ‹17 Wellen›!»

Coralline nickte strahlend und stieß mit Onda und Smeeralda an. «Einer der Handwerker hat mir versichert, dass er sich morgen auch um starkes Wellen-LAN kümmern will.»

Onda nickte mit ihrem großen Kopf. «Wird auch höchste Zeit. Das schönste Hotel nützt nichts, wenn keiner davon weiß!» Sie schlürfte ihr Getränk bis zum letzten Tropfen aus, was ein lautes Geräusch machte. «Es wäre gut, wenn wir wenigstens Plakate hätten. Aber wo sollen wir die auf die Schnelle herkriegen?»

Bei dem Wort Plakat horchte Smeeralda auf. Sie erhob sich und schwamm in Richtung Treppe.

«Wo willst du hin?», rief Coralline ihr nach.

«Bin gleich wieder da!», rief das Meermädchen über ihre Schulter zurück. Eilig schwamm sie auf ihr Zimmer. Auf einem kleinen Tisch lag die Zeichnung, an der sie in den letzten Tagen gearbeitet hatte.

Das Hotel war inzwischen in allen Details zu sehen. Außerdem war es von wunderschönen Korallen, bunten Fischen und anderen Meerestieren umrankt. Smeeralda hatte das Hotel und seine Umgebung so gemalt, dass es fröhlich und einladend aussah. Von Hand hatte sie mit ihrer schönsten Schrift noch darauf geschrieben:

Smeeralda fand, dass sich die Zeichnung sehr gut für ein Plakat eignete. Es mussten nur noch ein paar farbige Flächen ausgemalt werden. Und es fehlten der Tag der Eröffnung und die Uhrzeit der Feierlichkeiten. Doch ansonsten war es durchaus brauchbar. Sie nahm die Zeichnung und machte, dass sie zu den anderen zurückkam. Unten legte sie das Blatt vor Onda und Coralline auf die Bar.

«Es ist noch nicht ganz fertig, aber ... Vielleicht könnte das hier unser Plakat werden?», fragte Smeeralda.

«Meine Flosse! Was ist das? Das ist ja Spitzenklasse! Wann hast du das gemalt?», fragte Onda ungläubig.

«Vor ein paar Tagen», antwortete das Meermädchen.

«Das ist großartig, Liebes!», sagte auch Coralline bewundernd und drückte ihre Tochter begeistert an sich. Onda nickte bedächtig mit ihrem großen Kopf. «Wenn du noch weitere Bilder malst, können wir eines Tages eine Ausstellung mit deinen Werken hier im Hotel machen. Eine richtige Vernissage!» Smeeralda errötete vor Freude über dieses Kompliment.

«Wellen-LAN hin oder her!», fuhr Onda fort. «Damit wäre das Problem mit der Werbung gelöst. Wir nehmen dieses Bild und vervielfältigen es tausendmal. Und die 1000 Stück verteilen wir in der ganzen Stadt!»

Smeeralda machte ein erschrockenes Gesicht. «So schnell kann ich das Bild nicht noch mal malen!»

Onda lachte schallend. «Nicht du sollst das machen! In der Stadt gibt es einen kleinen Laden. Er gehört einem Kugelfisch. Er kann dir mit seinen Kopiermaschinen so viele Plakate machen, wie du brauchst. Hunderte, Tausende, so viele du willst!» Sie sah Coralline und Smeeralda an.

«Das wäre in der Tat ein sehr guter Anfang!», rief Coralline. Ihre Wangen leuchteten.

Auch Smeeralda nickte. Sie trank zügig ihr Glas aus und rollte die Zeichnung vorsichtig zusammen. «Azuro hilft mir bestimmt, das Bild fertig zu malen. Gemeinsam sind wir schneller. Und dann bitte ich ihn, mit mir in die Stadt zu schwimmen, um die Kopien zu machen», sagte sie.

Kurze Zeit später machte sie sich auf den Weg in Richtung U-Boot. Ihre Zeichnung hatte sie sorgsam in einer kleinen Röhre mit Deckel verpackt und in ihrer Umhängetasche verstaut. Nach wenigen Metern drehte sie sich noch einmal um. Wie wunderschön die «17 Wellen» nun auch von außen aussahen! Die frisch getünchte Fassade des Hotels und Ondas leuchtender Schriftzug strahlten bis weit ins Meer hinaus. Nun sah es wirklich aus wie ein Grandhotel. Zum ersten Mal war Smeeralda richtig stolz, darin zu wohnen. Sie hatte zudem das Gefühl, dass das Wasser in der Gegend deutlich klarer geworden war. Ob die Renovierung des Hotels auch die Umgebung veränderte?

Beim Blick in Richtung Algenwald wurde sie nachdenklich. Der Wald wirkte so düster wie eh und je. Hoffentlich war Furias Zorn inzwischen abgeklungen und die Nachbarin dachte sich keine weiteren Scheußlichkeiten mehr aus.

Snorri begrüßte sie überschwänglich, als Smeeralda zum U-Boot kam. Sie streichelte ihn. Atrian reparierte draußen ein Boot mit einem Schweißgerät. «Na, wie läuft's bei euch?», fragte er. Er schob seine Schutzbrille auf die Stirn.

«Sie würden das Hotel nicht wiedererkennen!», sagte Smeeralda lächelnd. Atrian hob den Daumen. «Das freut mich sehr für euch. Azuro ist da, wo er immer ist.» Er zwinkerte ihr zu und deutete in Richtung von Azuros Zimmer.

Gemeinsam mit Snorri schwamm Smeeralda ins Innere des U-Bootes. Azuro saß an seinem Schreibtisch und hatte ihr den Rücken zugedreht. Er betrachtete einen der großen Monitore. Wahrscheinlich beobachtete er wieder die Route seiner Mutter.

Smeeralda öffnete ihre Umhängetasche und holte ihre Zeichnung aus der Rolle. Sie erklärte Azuro, was sie vorhatte.

«Das sieht super aus! Ich wünschte, ich könnte auch so toll malen», sagte der Meerjunge bewundernd. Smeeralda freute sich und zeigte auf die vielen Monitore, Schalter und Knöpfe hinter ihm. «Und ich wünschte, ich hätte bei technischen Geräten den Durchblick so wie du.»

«Ach, das ist einfacher, als du denkst», winkte Azuro ab. Trotzdem lächelte er. «Den Kugelfisch mit seinem Laden kenne ich», fuhr er fort. «Mein Vater hat da schon öfters Schilder für Boote in Auftrag gegeben.»

Sie machten sich gleich an die Arbeit. Bis zum Nachmittag hatten sie das Plakat fertig ausgemalt und es mithilfe von ausgeschnittenen Großbuchstaben mit dem Eröffnungsdatum und der Uhrzeit versehen. Beide waren sehr zufrieden mit dem Ergebnis.

«Also, wenn ich das Plakat sehen würde, dann würde ich sofort Urlaub bei euch machen», stellte Azuro fest, als Smeeralda es mit ausgestreckten Armen hochhielt.

«Du bist herzlich eingeladen!», grinste Smeeralda. «Und weil du zufälligerweise die Tochter der Besitzerin kennst, würdest du natürlich das größte und schönste Zimmer bekommen! Und Mister Five Star würde dir höchstpersönlich dein Frühstück ans Bett bringen! Das Omelett müsste allerdings *ich* für dich machen ... Jedenfalls an Tagen, an denen er die Zeitung in die Finger gekriegt hat!» Sie lachten beide.

Für heute war es zu spät, um noch in die Stadt zu schwimmen. Trotz der flinken Seehund-Taxis würden sie es nicht mehr schaffen, das Plakat zu kopieren und die Kopien in der ganzen Stadt zu verteilen. Sie verabredeten sich für den frühen Morgen am nächsten Tag.

Voller Freude machte sich Smeeralda auf den Heimweg. Wie sich doch noch alles zum Guten gewendet hatte! Die fleißigen Handwerker, das schöne Werbeplakat ... Die Eröffnung konnte kommen. Smeeralda konnte nur erahnen, wie aufgeregt Coralline sein musste, jetzt, wo der große Tag zum Greifen nah war.

Nur wenige Flossenschläge später wandelte sich ihre Freude in puren Schrecken. Denn statt der strahlend weißen Hotelfassade, die sie vor Kurzem noch bewundert hatte, war die gesamte Außenwand grün! Als Smeeralda näher kam, sah sie, dass die Wand über und über mit matschigem Algenbrei bespritzt war! Es sah schlimmer aus als am Tag ihrer Ankunft. Wie war das bloß passiert? Erst die umgestürzten Kübel, jetzt das … War das der Denkzettel, von dem Furia gesprochen hatte?

Ob ihre Mutter und Onda schon etwas bemerkt hatten? So schnell sie konnte, durchschwamm Smeeralda das Foyer. Von den Handwerker-Fischen war keiner mehr zu sehen oder zu hören. Sie hatten schon Feierabend und würden erst am nächsten Tag wiederkommen.

«Mama? Onda? Wo seid ihr?», rief sie. Sie fand die beiden in Corallines Schlafzimmer. Dieses hatte endlich auch einen frischen Anstrich in einem hellen Cremeweiß und zartem Grün bekommen und sah wunderschön aus. Die beiden waren über einen großen Tisch gebeugt und planten die Dekoration der Tische im Speisesaal für die Eröffnung. Auch die Abfolge des Menüs hatten sie schon ausgearbeitet. Sie lag ebenfalls auf dem Tisch.

Onda sah Smeeralda mit zusammengezogenen Brauen an. «Alles in Ordnung? Du bist ja ganz grün im Gesicht!»

Das Meermädchen deutete atemlos Richtung Ausgang. «Ihr müsst ganz schnell kommen!»

«Was ist denn passiert?», fragte Coralline erschrocken.

Onda schoss bereits an ihr vorbei. Smeeralda und ihre Mutter folgten ihr.

«Oh nein! Das darf doch nicht wahr sein! Sagt, dass ich mir das alles nur einbilde», rief Coralline entsetzt, als sie zu dritt von außen an der Hauswand emporschauten.

«Sie hat ihre Drohung also doch wahr gemacht», sagte Onda grimmig. Smeeralda nickte.

Coralline sah zwischen den beiden hin und her. «Dürfte ich bitte erfahren, wovon ihr redet? Was geht hier vor?!» Ihre Stimme klang schrill.

Onda holte tief Luft. Dann sah sie Coralline ernst an. «Wir haben eine ... nun, wie soll ich es sagen ... eine Nachbarin mit Gemütsschwankungen.» Sie winkte mit einem Arm ab. «Schwamm drüber, raus mit der Sprache: Unsere Nachbarin heißt Furia, und sie ist stinkwütend. Sie hasst dieses Hotel wie die Pest, und die Neueröffnung ist ihr ein Dorn im Auge.»

Coralline schlug sich eine Hand vor den Mund. «Was sagst du da?»

Smeeralda beschloss, auch ihren Teil zur Wahrheit beizutragen. Ihr war die ganze Zeit nicht wohl dabei gewesen, ihrer Mutter etwas zu verheimlichen. Sie erzählte von der Begegnung mit Furia und ihrer Drohung.

Coralline wurde so weiß, wie die Hotelfassade es vor ein paar Stunden noch gewesen war. «Was machen wir denn jetzt? Und warum erfahre ich das alles erst heute?»

Smeeralda kam Onda zuvor. «Du hattest so viel zu

tun, und es ging dir nicht gut. Wir wollten dich nicht beunruhigen.» Sie sah die Tintenfisch-Dame Hilfe suchend an. Doch die sagte nichts.

Coralline stieß die Luft aus. «Na toll! Dafür bin ich jetzt umso beunruhigter! In drei Tagen soll die große Eröffnung stattfinden, und das Hotel wirkt wie ein vermodertes Wrack! Dabei sah es vor ein paar Stunden noch aus wie ein echtes Grandhotel ...» Ihre Stimme klang zittrig, so aufgeregt war sie. Leiser fuhr sie fort: «Die Barsch-Mutter hat recht gehabt. Ich hätte besser auf sie hören sollen.» Sie musste sich auf einen Felsen setzen.

«Ich habe keine Ahnung, wer diese Barsch-Mutter ist. Aber wir lassen uns von Furia nicht unterkriegen», rief Onda. Sehr sicher hörte sie sich allerdings selbst nicht an. «Wenn wir Glück haben, bekommen die Handwerker gleich morgen mit ihren Schrubbern und Schläuchen alles ganz schnell wieder sauber.»

Coralline antwortete nicht.

Alle drei schliefen sehr schlecht in dieser Nacht.

ELF

Eine Warnung kommt
selten allein

~~~

Zum Glück ließen sich die fleißigen Handwerker, die pünktlich am frühen Morgen wieder angeschwommen kamen, von dem Algenmatsch nicht abschrecken. Sie rückten dem grün-glibbrigen Zeug kurzerhand mit starkem Gerät zu Leibe. Anschließend brachten sie alles weg. Schon nach kurzer Zeit blitzte die Fassade der «17 Wellen» wieder so, als wäre nichts geschehen.

Coralline und Onda atmeten erleichtert auf. «Es fühlt sich an, als wäre alles nur ein böser Traum gewesen ...», flüsterte Coralline.

«Und aus jedem Albtraum wacht man zum Glück wieder auf!», hörten sie Atrian sagen. Die beiden drehten sich rum. Der Meermann strahlte sie an. Er und Azuro hielten gemeinsam ein großes Schild, das wie ein Pfeil geformt war. Darauf war der Name des Hotels sowie das Wort «Neueröffnung!» zu lesen.

«Ihr habt mir doch schon so viel geschenkt», rief Coralline erfreut.

«Freunden kann man nie genug schenken, oder?» Atrian zwinkerte ihr zu und klopfte das Schild mit einem großen Hammer und einem starken Holzpflock, die sie ebenfalls mitgebracht hatten, in den Meeresgrund.

Smeeralda, die gerade mit dem Plakat herausgeschwommen kam, fand das Schild ebenfalls toll. «Wollen wir los?», fragte sie Azuro. Der nickte. Sie riefen zwei Seehunde und machten sich auf den Weg in Richtung Stadt.

Der Kopierladen trug den Namen «KugelCopy – alles RUND um Ihre Drucke!». Im Laden drinnen war es sehr eng, denn der stachlige runde Inhaber hatte einen so großen Körper-Durchmesser, dass er genau in seinen Laden passte. Er konnte sich gerade einmal selbst darin herumdrehen. Wo um ihn herum noch Platz war, stapelten sich wandhohe Regale mit Papieren aller Art. In einer Ecke drängten sich mehrere Kopierer und Drucker dicht aneinander. Smeeralda war beeindruckt, was der Kugelfisch alles in diesem kleinen Raum untergebracht hatte. Er selbst war allerdings nicht der Schnellste, sondern bewegte sich wie in Zeitlupe. Seine Augen und Ohren schienen auch nicht die besten zu sein. Er hatte nicht bemerkt, dass die beiden hereingekommen waren und direkt vor ihm standen.

«Guten Tag!», rief Smeeralda schließlich und winkte mit ihrem Plakat. Der Kugelfisch hörte sie wohl, sah sie aber nicht. Er drehte sich gaaanz langsam zuerst in die eine Richtung, dann in die andere.

«Wir sind hier! Vor Ihnen!», rief Azuro. Er und Smeeralda hatten Mühe, nicht laut loszulachen.

«Ah, jetzt sehe ich euch. Ein bisschen verschwommen, aber immerhin! Ich muss wohl mal wieder zum Optiker», rief der stachlige Fisch. «Herzlich willkommen im besten Geschäft für Kopien aller Art! Was kann ich Schönes für Euch tun?»

«Wir hätten gerne 1000 Kopien.» Smeeralda zeigte dem Kugelfisch ihr Plakat.

«So ein schönes Plakat habe ich lange nicht gesehen!», rief der Fisch. Er sah zu einer Wand hoch, an der eine Uhr hing. «In einer halben Stunde könnt ihr die Kopien abholen.»

Das ging schnell, fanden Smeeralda und Azuro. Sie wollten gerade gehen, da rief der Fisch ihnen nach: «Ich könnte auch noch einen Freund, den Pilotwal, fragen. Er ist Briefträger und könnte ein ganzes Netz voller Plakate auf seine morgige Tour mitnehmen und sie an alle Haushalte der Stadt verteilen. Als ich dieses Geschäft hier eröffnet habe, hat er sich sogar ein großes Banner um den Bauch gebunden und Werbung für mich gemacht! Das hat mir damals sehr viele Kunden gebracht. Ich könnte euch auch so ein Banner bedrucken, auf dem der Tag der Eröffnung draufsteht! Was haltet ihr davon?»

Smeeralda und Azuro waren begeistert von den Ideen des Kugelfisches. Er war bedeutend schlauer, als er auf den ersten Blick wirkte. Das Meermädchen dachte aller-

dings an die Kosten und zögerte. Sie wollte ihrer Mutter keine weiteren unerwarteten Rechnungen bescheren. «Vielen Dank, aber im Moment ist das wahrscheinlich ein bisschen zu teuer für uns», sagte sie.

Der Kugelfisch winkte mit einer seiner kleinen Flossen ab. «Ihr braucht dafür nichts zu bezahlen. Mein Freund macht das sicher gern für euch, weil er ja mein Freund ist.» Er strahlte über sein rundes Gesicht. «Ich sehe ihn heute Abend und könnte ihm gleich Bescheid geben.»

Smeeralda fiel ein Stein vom Herzen. Sie bedankte sich und fügte hinzu: «Am Tag der Eröffnung gibt es ein leckeres Menü und Kaffee und Kuchen! Kommen Sie doch mit Ihrem Freund vorbei. Sie sind herzlich eingeladen!»

Der Kugelfisch rieb sich den Bauch. «Das klingt nach einem guten Tausch. Bis späääter!» Die letzten beiden Worte sang er wie ein Opernsänger.

Smeeralda und Azuro schwammen ins nahe gelegene Quallen-Café, um dort zu warten, bis die Kopien fertig waren. Jeder von ihnen bestellte sich eine große Eiswaffel mit bunten Streuseln und Korallensirup. Sie lachten über die drei Quallen-Brüder, die auch heute wieder fröhlich tanzend hinter der Theke arbeiteten.

Pünktlich nach einer halben Stunde waren die Kopien fertig. Der Kugelfisch verpackte sie ihnen sorgfältig in kleine Kisten, was aufgrund seiner langsamen Bewegungen fast genauso lange dauerte wie das Kopieren.

Nachdem sie alles bezahlt und sich im Voraus für die Hilfe des Pilotwals bedankt hatten, nahm jeder von ihnen eine Kiste und schwamm von Geschäft zu Geschäft. Um schneller voranzukommen, teilten sie sich die Straßenseiten auf. Smeeralda stellte froh und dankbar fest, wie freundlich die Meeresbewohner hier in der Stadt waren. Jeder, den sie antraf, hängte das Plakat gern an der Ladentür oder in seinem Schaufenster auf. Manche nahmen gleich einen ganzen Stapel, um sie ebenfalls zu verteilen.

Auf dem Nachhauseweg mit den Seehunden sprachen Smeeralda und Azuro nur wenig. Beide waren erschöpft. Das Meermädchen war außerdem gespannt wie ein Flitzebogen, ob ihre Plakat-Aktion noch rechtzeitig die gewünschte Wirkung zeigen würde.

*V*ielen Dank. Ohne dich hätte ich das nicht geschafft», sagte sie zu Azuro, als sie das Hotel erreichten. Die beiden wollten sich gerade verabschieden, da hörten sie aufgeregte Stimmen aus dem Speisesaal. Sie schwammen gemeinsam durch den Haupteingang.

«Das ist doch die Höhe! Diese Frau ist wirklich eine Ausgeburt an Boshaftigkeit!», hörten sie Onda vor Wut toben. Im Speisesaal sahen Smeeralda und der Meerjunge den Grund für ihren Zorn. Die Tintenfisch-Dame, Coralline und Mister Five Star standen zusammen und betrachteten die großen Sandhaufen, die durch die offenen Fenster hereingeweht worden waren. Der Sand, in dem auch Muscheln, Steine und Algen waren, hatte sich nicht nur im ganzen Saal auf dem Boden verteilt.

Er lag auch auf den Tischen und Stühlen. Es würde eine Ewigkeit dauern, alles wieder sauber zu machen.

«Ich wollte nur etwas durchlüften, weil mir die Tortenböden angebrannt sind», rief der Seestern betrübt. «Den Moment muss Furia genutzt haben, um den ganzen Schlamassel hier hereinzubringen! In der Küche sieht es genauso aus. Ich bin nur kurz vor die Haupttür geschwommen und habe deshalb von allem nichts mitbekommen. Hätte ich doch nur besser aufgepasst!»

Onda tätschelte ihm die Schulter. «Gib dir nicht die Schuld. Wenn es nicht dies gewesen wäre, dann hätte sich Furia etwas anderes einfallen lassen.»

Sie schwammen alle zu einem der geöffneten Fenster. Draußen waren Schleifspuren im Sand zu sehen.

«Sie muss das ganze Zeug durch ein großes Rohr hereingeblasen haben», meinte Onda zornig. «Draußen im Schuppen gibt es eine Maschine mit so einem Rohr. Die saugt den Sand und andere Dinge an und spuckt sie dort wieder aus, wo man sie hinhaben möchte. Auf Baustellen und im Garten wird sie oft verwendet. Furias Vater hat sie sicher früher benutzt.»

Smeeralda sah sie fragend an. «Hat ihr Vater hier im Hotel gearbeitet?», fragte sie.

Onda nickte. «Furias Vater war Gärtner und ihre Mutter Zimmermädchen. Nicht in den ‹17 Wellen›, aber in dem kleinen Hotel, das auf diesem Grund stand. Das war, lange bevor das Grandhotel erbaut wurde. Furia war damals noch sehr klein.»

«Und was ist mit dem ehemaligen Hotel passiert?», fragte Azuro. Er kannte die Geschichte auch noch nicht. «Plattgemacht!», rief Onda. «Der frühere Besitzer war gestorben, und ein neuer Bauherr kam von weit her. Er baute dieses Hotel und brachte seine eigenen Leute mit. Alle, die früher in dem alten Hotel gearbeitet hatten, mussten sich etwas Neues suchen. Furia, ihre Eltern und ihre Geschwister mussten außerdem aus dem Schuppen ausziehen, der noch hinter dem Labyrinth steht. Er war früher ihr Zuhause. So kamen sie in den Algenwald», erklärte Onda. «Der Wald war früher viel größer und heller, hat man mir erzählt», fügte sie hinzu. «Doch ein Großteil musste dem Hotel hier weichen.»

«Kein Wunder, dass Furia sauer auf die ‹17 Wellen› ist», überlegte Smeeralda.

Onda schnaubte auf. «Mag sein, aber es ist noch lange kein Grund, uns alle hier zu tyrannisieren! Wir sind ja auch nicht die Ersten – viele Besitzer sind hier ein und aus geschwommen in den letzten Jahren und haben wegen dieser unmöglichen Frau aufgegeben! Ich habe mehrere von ihnen kennengelernt. Alle waren machtlos gegen sie.»

«Was machen wir denn nur mit ihr?», fragte Coralline bestürzt. «So kann es doch nicht weitergehen. Ich will keine von denen sein, die aufgeben muss! Nicht nach allem, was ich hier schon investiert habe ...» Sie seufzte.

Smeeralda und Azuro sahen sich an. Sie winkte ihm

unbemerkt zu, ihr zu folgen. Gemeinsam schwammen sie an der Küche vorbei, aus der es immer noch etwas angebrannt roch. Vom Flur aus konnte man sehen, dass Furia auch hier jede Menge Sand abgeladen hatte.

«Was hast du vor?», fragte Azuro.

«Wir schwimmen zu Furia. Ich muss mit ihr sprechen!», sagte Smeeralda.

Azuro sah sie bewundernd an. «Du bist wirklich mutig», stellte er fest. «Erst der Immobilien-Hai, jetzt Furia ...»

«Was bleibt uns anderes übrig?», fragte Smeeralda. «Wenn wir nichts unternehmen, geht es meiner Mutter so wie allen anderen. Und das werde ich nicht zulassen!» Ihr Blick war entschlossen.

«Ich komme mit dir», sagte Azuro. «Ich kann dir den schnellsten Weg zu Furias Fässerburg zeigen.»

«Dann nichts wie los.» Smeeralda wollte schon losschwimmen, doch Azuro zögerte.

«Willst du deiner Mutter und Onda nicht Bescheid sagen?», fragte der Meerjunge.

Smeeralda dachte kurz nach. Dann winkte sie ab. «Besser nicht. Am Ende machen die sich nur Sorgen. Für meine Mutter ist das im Moment zu viel. Und Onda und Furia streiten sich, sobald sie sich sehen. Das macht alles nur noch schlimmer. Besser, wir beide sprechen mit ihr.»

Unbemerkt gelangten sie nach draußen und schwammen in Richtung Algenwald.

*A*zuro hatte wirklich einen erstaunlichen Sinn für Orientierung. Smeeralda bewunderte ihn dafür. Nachdem sie nur wenige Minuten durch das dichte, düstere Algengestrüpp geschwommen waren, erreichten sie eine Lichtung. Unzählige verrostete Fässer waren zu einer Art Behausung aufgestapelt, die wie eine Festung wirkte. Es gab keine Fenster. Der Bereich um die Fässerburg herum war von Unkraut überwuchert. Es gab nichts Schönes hier, keinen Ort, an dem das Auge gern verweilte.

Wie kann man nur so leben?, dachte Smeeralda. Kein Wunder, dass Furia immer schlechte Laune hatte. Erst die Geschichte mit ihren Eltern und dann dieses Durcheinander ... Smeeralda selbst war auch nicht die Ordentlichste, was ihr Zimmer anging. Doch wenn sie gelegentlich aufräumte, fühlte sie sich jedes Mal gleich viel wohler.

Azuro legte den Finger an den Mund. «Wir müssen ab jetzt sehr leise sein», flüsterte er. «Furia hält ein paar schwarze Krebse als Haustiere, die messerscharfe Scheren haben. Mit denen ist sicher nicht zu spaßen!» Er schwamm voraus.

Plötzlich ertönte von drinnen ein Aufschrei. «Müsst ihr überall hier rumliegen!», schrie Furia. Eine knarzende Tür ging auf, und zwei schwarze Krebse flogen nach draußen. Sie blieben einen Moment liegen, dann schüttelten sie sich und krochen in einen nahen Algenbusch. Ihre Scheren waren tatsächlich sehr scharf. Smeeralda war froh, dass die Tiere sie nicht bemerkt hatten. Sie erinnerte sich, dass Furia, als sie sie das erste Mal gehört hatte, mit jemandem gesprochen hatte. Das waren wohl die Krebse gewesen. Die Nachbarin knallte die Tür lautstark zu.

«Willst du wirklich zu ihr?», fragte Azuro.

«Natürlich. Dafür sind wir her», antwortete Smeeralda. «Besser wird ihre Laune nicht, auch wenn wir noch länger warten.»

Sie schwamm zu der Tür und klopfte an.

«Wer ist da?!», kam ein Brüllen aus dem Innern. «Wer wagt es, ungebeten in meinen Wald zu kommen?!» Den Worten folgte ein zorniger Aufschrei. Dann sprang die Tür auf, und Furias grimmiger Schädel tauchte vor ihnen auf. Ihre vielen Zähne wirkten aus der Nähe noch Furcht einflößender. Ein übler Geruch drang daraus hervor.

«Ähm, guten Tag, wir sind Smeeralda und Azuro», stellte das Meermädchen die beiden vor. «Ich bin mit meiner Mutter vor ein paar Tagen nebenan in das Hotel eingezogen», fügte sie hinzu.

«Ihr seid das also!!!», brüllte Furia und senkte den Kopf, sodass ihr funzeliges Lämpchen die Kinder schwach beleuchtete.

«Ihr habt meine Botschaft wohl immer noch nicht verstanden, was? Sag deinen Eltern, dass sie schleunigst ihre Sachen packen und abhauen sollen! Hier gibt es kein neues Hotel, hast du verstanden?!» Der riesige Fisch wartete nicht auf Smeeraldas Antwort. Er riss das Maul auf und schrie: «Und jetzt haut ab, und zwar dalli!!!»

Smeeralda wich erschrocken zurück. Doch so schnell wollte sie nicht aufgeben. «Mein Vater lebt nicht mehr», sagte sie. «Meine Mutter und ich sind allein hier. Sie hat sich mit den ‹17 Wellen› ihren großen Traum erfüllt, und ich helfe ihr dabei. Sie ist sehr gerne hier – so wie Ihre Eltern auch», sagte sie. Das war riskant. Smeeraldas Herz klopfte ihr bis zum Hals. Sie spürte, dass auch Azuro, der noch draußen stand, den Atem anhielt.

«Was faselst du da?!» Furia riss Augen und Maul auf, als wollte sie die beiden bei lebendigem Leib fressen. «Was weißt du schon von meinen Eltern? Gar nichts

und noch weniger! Und jetzt macht, dass ihr wegkommt! Ich habe nämlich noch nichts zu Mittag gefressen, und ihr zwei seid genau die richtige Portion!!!»

Azuro war auf Smeeralda zugeschwommen. Er zupfte sie am Ärmel. «Komm», raunte er. «Es hat keinen Zweck.»

Smeeralda drehte sich um, und die beiden schwammen ins Freie. Hinter ihnen schlug die Tür zu.

«Lass uns abhauen», sagte Azuro. «Es ist sinnlos mit dieser Frau.»

Doch Smeeralda schüttelte den Kopf. «Warte.» Ganz leise schwamm sie an der Fässerwand vorbei. Aus einem der hinteren Räume war Furia zu hören, die mit Tellern und Töpfen hantierte. Vorsichtig spähte Smeeralda durch eine der fensterlosen Öffnungen. Wie trostlos Furias Küche aussah! Kein Vergleich zu der Küche in ihrer kleinen ehemaligen Pension und zur Hotelküche, in der Mister Five Star sich jeden Tag austoben konnte.

Aus einem schmutzigen Topf klatschte Furia sich ein paar Löffel mit einem grünen Brei auf einen Teller. Darüber gab sie eine braune Soße. Smeeralda schauderte. Sie hörte Furia laut vor sich hin murmeln: «Nichts da! Es wird kein Hotel neben meinem Wald geben. Diese vielen Gäste! Der viele *Spaß*! Wer braucht den schon?» Furia äffte lautes Gelächter nach. Doch aus ihrem Maul klang es alles andere als fröhlich. Smeeralda und Azuro sahen sich an. Der Meerjunge hob fragend die Brauen. «Außerdem schwimmen dann wieder lauter fremde Fische in meinem Wald herum – IN MEINEM WALD! Das werde ich nicht zulassen!!!»

Furia schlang den Brei auf ihrem Teller mit einem Happs herunter, ohne sich hinzusetzen. Danach schleuderte sie ihren Teller und ihr Besteck mit einer wütenden Bewegung nach hinten. Der Teller verfehlte die Spüle, traf stattdessen einen alten Schrank und zerbrach in Stücke.

Sie mag es nicht, wenn andere Freude haben, dachte Smeeralda. Und sie hat selbst auch keine, weil sie einsam ist. Sie weiß anscheinend nicht mal, wie man sich etwas Leckeres kocht. Das Meermädchen erinnerte sich an gemeinsame Abende mit ihrer Mutter und den netten Gästen in der kleinen Pension. Und auch hier, mit Onda, Mister Five Star, Azuro und Atrian hatten sie trotz allen Ärgers viel Schönes erlebt ...

Plötzlich hatte sie eine Idee.

«Ich weiß, was wir machen!», sagte sie zu Azuro. Sie drehte sich schnell um. «Lass uns nach Hause schwimmen. Ups!»

Aus Versehen war sie gegen eines der Fässer gekommen. Furia hatte das Geräusch gehört.

«Was ist denn jetzt schon wieder! Seid ihr etwa immer noch hier?!!», keifte sie. Sie schwamm auf und war schon auf dem Weg zur Tür.

«Schnell weg!», raunte Azuro. Er nahm Smeeraldas Hand. «Festhalten!» So schnell sie konnten, durchquerten sie den Algenwald.

ZWÖLF

Ein Menü für gute Laune

~~~

«Da bist du ja!», rief Coralline erleichtert. «Wo wart ihr beiden? Wir haben euch überall gesucht!» Sie sah Smeeralda und Azuro an.

«Wir waren bei Furia», erwiderte Smeeralda und versuchte, so ruhig und unbekümmert wie möglich zu klingen. In Wahrheit schlug ihr Herz immer noch wie verrückt von der aufregenden Begegnung mit ihrer Nachbarin.

Auch Onda sah sie prüfend an. «Ihr wart bei dieser Hexe? Das war schon der zweite gefährliche Ausflug! Hatten wir nicht abgemacht, dass ihr das lasst?»

Smeeralda sah Azuro an. Dann sagte sie: «Wir wollten nur kurz mit ihr sprechen. Das hat leider nicht geklappt. Aber viel wichtiger ist, was wir JETZT vorhaben.»

«Und das wäre?», fragten Coralline und Onda wie aus einem Mund.

«Ich habe eine Idee», berichtete Smeeralda. «Furia lebt schrecklich allein in einer hässlichen Fässerburg. Sie hat keine Freunde –»

«Was kein Wunder ist», brummte Onda, schlug sich aber schnell mit einem Fangarm vor den Mund. «Entschuldige die Unterbrechung.»

«Sie weiß auch anscheinend gar nicht, wie schön es ist, sich etwas Leckeres zu kochen. Sie schlingt ekelhaftes Zeug herunter, ohne sich in Ruhe hinzusetzen. Du hast uns doch von deinem Menü für das Kraken-Piratenoberhaupt Neptor erzählt», wandte sich das Meermädchen an Onda. Die Tintenfisch-Dame nickte. «Wir könnten Furia doch auch ein köstliches Menü mit mehreren Gängen zubereiten! Damit sie merkt, dass es sehr schön sein kann, ein Hotel in ihrer Nachbarschaft zu haben!»

Smeeralda machte eine Pause und sah alle an.

«Außerdem macht sie sich Sorgen, dass es hier zu laut wird und dass fremde Fische in ihren Algenwald schwimmen. Wir sollten ihr zeigen, dass sie sich darum keine Sorgen zu machen braucht!»

Onda lachte grimmig auf. «Ich glaube zwar nicht, dass irgendwer seine Flossen in dieses vermoderte Gebiet setzt. Aber wo du recht hast, hast du recht, Kind. Die Idee mit dem Menü gefällt mir! Das könnte funktionieren. Furia ist nicht Neptor, aber einen Versuch ist es wert! Was meint ihr?» Sie sah die anderen an.

Coralline wirkte zögerlich. Doch Mister Five Star nickte beeindruckt.

«Ich finde, das ist eine ausgezeichnete Idee!» Er machte ein ernstes Gesicht. «Ich meine, dass sie den ganzen

Sand in meine Küche und den Speisesaal gebracht hat, war nicht sehr nett von ihr! Es ist eine Menge Arbeit, wieder alles sauber zu kriegen. Aber wenn wir danach unsere Ruhe vor ihr haben ... Also, ich wäre dabei!»

Seine Worte überzeugten Coralline. Für heute war es schon zu spät, doch für den nächsten Morgen teilten sie sich in Teams auf.

*G*leich nach dem Frühstück ging es los: Onda und Coralline kümmerten sich zusammen mit den Seepferdchen um das gründliche Säubern von Küche und Speisesaal. Atrian war ebenfalls gekommen. Gemeinsam kehrten und schaufelten sie, was das Zeug hielt.

Währenddessen stellten Smeeralda, Azuro und Mister Five Star in der Hotelküche das Menü für Furia zusammen.

«Ein exquisites Menü hat mindestens fünf Gänge», erklärte der Seestern, der sich in der gehobenen Küche gut auskannte.

Smeeraldas Gehirn arbeitete bereits fieberhaft. «Als Nachtisch könnten wir ihr feine Meerschaum-Crêpes mit Korallensirup servieren!»

Diese Idee traf auf große Zustimmung der beiden anderen. «Und als Vorspeise gibt es Hummerwimpern in Champagner-Schmand! Das wollte ich schon immer mal kochen», warf Mister Five Star ein. «Zwei befreundete Schildkröten haben einen Feinkostladen in der Stadt. Bestimmt haben sie Hummerwimpern vorrätig.» Smeeralda notierte auch diese Idee. «Damit hätten wir schon die Vorspeise und den Nachtisch. Bleiben noch drei Gänge», sagte sie.

«Mein Vater hat mir mal von einer sehr feinen Jakobsmuschel-Suppe erzählt, die er auf einer Reise gegessen hat. Was haltet ihr davon?», fragte Azuro.

«Sehr gut!» Mister Five Star nickte. «Die servieren wir nach den Hummerwimpern!» Der Sternekoch war ganz in seinem Element. «Ich finde ja auch dein Omelett ganz hervorragend», meinte er zu Smeeralda. «Wir könnten noch etwas pürierten Algenspinat dazugeben. Und direkt im Anschluss gibt es feine Seegras-Ravioli! Na, wie wäre das?»

Azuro und Smeeralda hoben die Daumen. Das Meermädchen las den beiden die fünf Gänge noch einmal vor. Alle waren sich einig, dass dies ein Fünf-Sterne-Menü war, das sich sehen und schmecken lassen konnte! Und: das einem Fisch wie Furia zeigte, dass es auch viele Vorteile brachte, ein Grandhotel in der Nachbarschaft zu haben!

«Eine Sache dürfen wir nicht vergessen: Wir müssen das Menü sehr schnell zu Furia bringen. Sonst wird alles kalt», gab Azuro zu bedenken.

Mister Five Star nickte. «Gut, dass du daran gedacht hast. Kalt schmeckt auch das köstlichste Menü nur wie Planktonfutter!»

Azuro überlegte. «Mein Vater ist gerade dabei, ein ehemaliges Ausflugsschiff zu reparieren. Darin sind lange Tische, auf denen wir alle Schüsseln und Töpfe transportieren können. Ich frage ihn!» Der Meerjunge war schon in Richtung Tür geschwommen und stieß fast mit Onda zusammen, die gerade ihren großen Kopf hereinstreckte.

«Na, was macht das Menü für unsere überaus freundliche Nachbarin?» Sie verdrehte die Augen.

Smeeralda hob den Daumen. «Es wird so gut, dass Furia noch heute begeistert sein wird, neben einem Hotel zu wohnen!»

«Das glaube ich erst, wenn ich es mit eigenen Augen gesehen habe», sagte Onda und seufzte. «Heilige Seegrütze, mir knurrt vielleicht der Magen!» Sie öffnete den Kühlschrank und schnappte sich eine Schüssel mit kalten Algennudeln. Kurzerhand warf sie den Kopf in den Nacken und ließ die Nudeln von der Spitze eines Arms direkt in ihren Mund fallen.

Smeeralda und Mister Five Star trugen in der Zwischenzeit alle Zutaten und Gewürze aus den Kühlschränken und der Speisekammer herbei und legten sie auf den großen Küchentisch und die Ablage neben dem Herd.

«Bis auf drei Dinge ist alles da, was wir zur Zubereitung brauchen», sagte Mister Five Star nach einem prüfenden Blick. Er kritzelte eilig eine Notiz auf Papier. «Ich rufe einen Seehund, weil unser Telefon immer noch keinen Mucks macht. Er soll meinen Schildkröten-Freunden Bescheid geben, und sie können ihm alles gleich aus ihrem Laden mitgeben.» Er verschwand nach draußen.

«Das Wichtigste habt ihr vergessen!», rief Onda mit vollem Mund. Smeeralda sah sie fragend an. «Wenn man ein Menü von diesem Kaliber kocht, dann muss man sich vorher in die richtige Stimmung bringen!» Die Tintenfisch-Dame stellte die leere Nudelschüssel ab und schwamm zu einem alten, muschelbesetzten Regal. Geräuschvoll räumte sie alle Töpfe und Pfannen heraus, die darin lagen, dann kramte sie einen kleinen CD-Spieler hervor. «Diese Musik habe ich viel zu lange nicht gehört», sagte sie verträumt. Sie entfernte ein paar Algen, die sich auf der Oberfläche angesammelt hatten, und drückte den Startknopf des CD-Spielers. Spanische Gitarrenklänge ertönten. Onda streckte ihre große Brust heraus, warf den gelockten Kopf zurück, hob einen Arm in die Höhe, knickte seine Spitze galant ab und rief: «Olé!»

Die Musik machte sofort gute Laune, fand Smeeralda. Sie und Onda wiegten sich ein paar Takte lang nach der Musik. Mister Five Star und Azuro kamen zurück. «Na, ihr habt ja richtig Stimmung hier», stellte der Seestern fest. «Gute Nachrichten! Der Seehund bringt uns die Hummerwimpern in einer Stunde!», rief er.

«Und mein Vater gibt uns so schnell wie möglich Bescheid», sagte Azuro.

Mister Five Star nickte. «Sehr gut.» Er reichte Smee-ralda und Azuro Schürzen, Messer und Gabeln. «Dann fangen wir jetzt an, die Beilagen zu schneiden. Das macht die meiste Arbeit.»

Smeeralda und Azuro hatten verstanden. «Alles muss auch gleich beim ersten Mal klappen», fuhr der Seestern emsig fort. «Wir haben keine Zeit und nicht genügend Zutaten, um die Speisen ein zweites Mal zu kochen! Also höchste Konzentration! Und passt mit den Messern auf. Sie sind sehr scharf. Ein guter Koch rollt seine Fingerspitzen etwas ein, damit er sich nicht verletzt. So ...» Er zeigte den beiden ein paar Tricks, wie sie schnell und sicher schneiden konnten.

Azuros Vater streckte den Kopf herein. «Die Schiffs-batterie wird heute noch geliefert. Ich kann sie am spä-ten Nachmittag einbauen. Sobald ihr hier fertig seid, kann ich euch rüber zu Furia bringen!»

Smeeralda atmete erleichtert auf. Alles schien zu klappen. Zwar bereitete ihr der Gedanke, Furia ein zweites Mal aus nächster Nähe zu begegnen, großes Un-behagen. Doch für ihre Mutter und ihren Traum würde sie alles tun.

Mit Ondas schwungvoller Musik im Hintergrund wuschen, schnitten, rollten, buken und brutzelten sie gemeinsam um die Wette. Kaum jemand sprach ein Wort, so sehr waren sie alle bei der Sache.

Mister Five Star war ein sehr guter Lehrer. Smeeralda und Azuro verstanden seine knappen Anweisungen sofort und setzten sie nach bestem Wissen um. Ab und zu musste der Seestern etwas nachbessern, doch im Großen und Ganzen war er sehr zufrieden mit den beiden.

Die Stunden vergingen wie im Flug, und auf den Tischen und Ablagen der Hotelküche reihten sich immer mehr Schüsseln und Teller aneinander, randvoll gefüllt mit den fünf Gängen und ihren Beilagen. Auf dem Herd blubberten inzwischen ein großer Topf Jakobsmuschel-Suppe und ein kleinerer mit Algenspinat, der später noch fein püriert werden würde. Der Seehund hatte die gewünschten Zutaten aus dem Feinkostladen ebenfalls pünktlich geliefert. Alles duftete köstlich!

Als sie endlich fertig waren, wurde es draußen bereits dunkel. Jetzt aber schnell zu Furia!

Onda und Coralline schauten gerade in dem Moment herein, als die drei alles auf große Servierwagen stapelten.

«Was für eine Arbeit, die ihr euch da gemacht habt! Tut mir leid, dass ich euch mit dem Menü ganz alleine gelassen habe», sagte Coralline. «Der viele Sand war bis in die kleinsten Ritzen verteilt! Alles sauber zu machen, hat viel länger gebraucht als gedacht.»

«Mach dir keine Sorgen. Es ist alles fertig und sehr köstlich geworden! Mister Five Star hat uns bestens angeleitet», sagte Smeeralda. Der Seestern freute sich über das Lob.

«Und ihr habt großes Talent zu kochen!», rief er ihr und Azuro zu. Der grinste.

«Es hat richtig Spaß gemacht. Vielleicht will ich später auch mal Koch werden», meinte er.

Auch Onda nickte anerkennend, als ein Servierwagen mit abgedeckten Schüsseln, Schalen und Tellern nach dem anderen an ihr vorbeigeschoben wurde. «Mhmmm ... Fantastisch! Das riecht ja zum Reinlegen gut. Kein Grandhotel der Weltmeere hätte das besser hinbekommen können!»

In Windeseile brachten sie die Wagen zum Hinterausgang des Hotels. Dort wartete bereits Azuros Vater mit dem Schiff. Er half ihnen, die Speisen sicher an Bord zu bringen.

Smeeralda und Azuro winkten Coralline und Onda aus dem Schiff zu. «Du fährst nicht mit?», hörte Smeeralda Coralline fragen. Das Meermädchen drehte sich um.

Sie sah, wie Onda den Kopf schüttelte. «Ist besser so, glaub mir. Zwei hitzige Gemüter sind manchmal eines zu viel.» Sie winkte den Kindern fröhlich hinterher.

Die Schiffshupe ertönte dreimal, und die Tür schloss sich vor Smeeralda und Azuro. Bereit zur Abfahrt!

Durch das kleine Fenster winkten Smeeralda und Azuro den Zurückbleibenden zu. Dann setzte sich das Schiff in Bewegung. Atrian war ein erfahrener Bootsmann. Achtsam steuerte er das Schiff durch die langen, klebrigen Schlingfäden des Algenwaldes. An manchen Stellen war der Wald so dicht, dass er wie ein Vorhang vor den Scheiben des Schiffs herunterhing. Es grenzte an ein Wunder, dass der Meermann überhaupt etwas erkennen konnte.

Einmal schreckten Smeeralda und Azuro zurück, denn an den Scheiben tauchten urplötzlich dunkle, unheimliche Fischgesichter auf. Gelbe Augen starrten sie inmitten vernarbter Schuppen an. Die Zähne waren dünn und spitz wie Nadeln. «Furia hat wirklich seltsame Mitbewohner», stellte Smeeralda fest. «Da ist mir Snorri tausendmal lieber.» Atrian nickte lächelnd. Der Meerjunge zeigte seinem Vater den Weg.

«Gleich da vorne ist es», meinte er und zeigte in Richtung der Lichtung, auf der sich Furias Fässerburg befand.

Atrian schaltete vorsorglich alle Lichter und den Motor aus. Langsam und geräuschlos ließ er das Schiff bis dicht an die Fässerburg herangleiten. «Na dann, servieren wir mal das Festmahl à la Furia!»

Die drei wollten gerade aussteigen, da ertönte das knarzende Geräusch, das Smeeralda und Atrian bereits kannten. Furia kam aus ihrer Tür. Sie kreischte laut auf, als sie die Kinder sah. Ihre Augen waren weit aufgerissen. Sie war außer sich. «Ihr schon wieder!!!», fauchte sie. «Habe ich euch nicht vor ein paar Stunden aus meinem Wald geworfen?! Das ist Meerfriedensbruch!!!» Unter ihrem großen Körper kamen mehrere schwarze Krebse zum Vorschein. Ihre Augen leuchteten unheimlich.

Smeeralda holte tief Luft. Dann sagte sie: «Entschuldigen Sie bitte die Störung. Wir bleiben auch gar nicht lange. Wir haben eine Überraschung für Sie.»

«Macht, dass ihr wegkommt!!! Ich hasse Überraschungen!», kam es von Furia zurück. Sie riss ihr großes Maul auf, und Smeeralda konnte Algenreste an ihren Zähnen erkennen.

Ihr Herz klopfte so laut, dass sie sein Schlagen in ihren Ohren hören konnte. «Wir möchten Ihnen zeigen, dass wir uns eine gute Nachbarschaft mit Ihnen wünschen. Darum haben wir Ihnen etwas ganz Besonderes gekocht. Ein Fünf-Gänge-Menü!» Sie hoffte so sehr, dass ihre Idee funktionierte.

«Für mich hat noch nie jemand gekocht!», rief Furia. «Und ein Fünf-Gänge-Was? Kenn ich nicht!!!»

Täuschte sich Smeeralda, oder hörte sie in Furias Stimme so etwas wie Neugier?

«Es ist alles an Bord des Schiffes, und es schmeckt wirklich köstlich!», rief das Meermädchen schnell und deutete in die Richtung, wo das Boot wartete. «Wenn Sie erlauben, bringen wir es ganz schnell herein. Und dann sind wir auch schon wieder weg!»

Furia sah Smeeralda und Azuro argwöhnisch an. «Meinetwegen! Aber wehe, ihr lügt!», rief sie drohend. «Dann machen meine kleinen Freunde hier mit ihren scharfen Scheren ganz schnell Algensalat aus euch!»

Bevor Smeeralda etwas erwidern konnte, tauchte Atrian hinter ihnen auf.

«Jetzt ist es aber genug!», rief er drohend. «Redet man

so mit seinen Nachbarn, die einem etwas Gutes tun wollen? Den ganzen Tag haben die beiden hier gearbeitet, um dir eine Freude zu machen! Wir bringen dir jetzt das Menü, und dann hast du wieder deine Ruhe. Und so lange hörst du endlich mal auf zu schreien!»

Furia blinzelte den Meermann unter ihrem wirren Haar an. Sie brummelte etwas Unverständliches. Dann winkte sie ab. Sie schien tatsächlich Respekt vor Atrian zu haben. «Dann macht schon und zeigt, was ihr dabeihabt! Aber zacki, zacki!», rief sie. «Stellt es auf die Tische dort drüben, ich esse heute draußen!», befahl sie. Sie deutete mit einer Flosse auf einige Fässer, die ein paar Meter weiter am Boden lagen. Smeeralda, Atrian und sein Vater schwammen hin, stellten sie auf und rückten sie ordentlich zusammen. Dann beeilten sie sich, alle Speisen aus dem Schiff zu holen.

Als sie fertig waren, setzte sich Furia auf zwei Fässer, die sie ihr zum Platznehmen hingerollt hatten. «Riecht ganz ordentlich, was ihr da mitgebracht habt!» Trübes Wasser lief ihr aus den Mundwinkeln. Sie schien Hunger zu haben. Bevor Smeeralda ihr einen guten Appetit wünschen konnte, stürzte sich Furia gierig auf die Meerpfannkuchen.

«Ähm, das ist eigentlich der Nachtisch», wollte Smeeralda erklären. Doch Azuro hielt seinen Finger auf die Lippen. Er hatte recht. Es war egal, ob Furia das Menü vorwärts oder rückwärts aß, Hauptsache, es hatte die gewünschte Wirkung, dachte Smeeralda.

Die Nachbarin schien erst jetzt zu bemerken, dass sie noch da waren. «Was ist? Was glotzt ihr so! Man beobachtet niemanden beim Fressen! Macht, dass ihr endlich wegkommt!»

«Wir sind schon weg!», rief Smeeralda. «Ich wollte Ihnen bloß noch sagen, dass Sie sich keine Sorgen zu machen brauchen. Wir werden dafür sorgen, dass es im Hotel nicht zu laut wird. Und niemand von unseren Gästen wird in Ihren Wald schwimmen!»

Furia antwortete nicht. Sie war ganz und gar in das Menü vor sich vertieft.

«Komm», sagte Azuro und nahm Smeeralda am Arm. «Lass uns lieber verschwinden!»

Sie stiegen in das Schiff. Atrian, der den Motor bereits gestartet hatte, schloss hinter ihnen die Tür. Das Schiff fuhr sofort los. Alle drei atmeten erleichtert auf. Nichts wie weg!

«Der Nachtisch scheint ihr jedenfalls geschmeckt zu haben», stellte Smeeralda fest, während sich das Schiff auf den Rückweg machte.

«Sie hätte sich wenigstens bedanken können», meinte Atrian.

Er ließ den Blick nach vorn gerichtet, doch er legte beiden Kindern kurz den Arm um die Schultern. «Aber ob es ihr nun schmeckt oder nicht: Ihr wart sehr mutig und habt euer Bestes gegeben. Mehr könnt ihr nicht tun.»

Smeeralda und Azuro sahen sich an. Beide konnten

es kaum erwarten zu erfahren, ob ihre viele Mühe sich gelohnt hatte.

Onda und Coralline fielen Steine groß wie Felsbrocken vom Herzen, als die drei heil zurück ins Hotel kamen. Sie schlossen sich alle in die Arme, und Coralline bedankten sich bei Atrian für seine Begleitung auf dieser gefährlichen Fahrt.

Aus dem Algenwald war kein Geräusch zu hören, als Smeeralda kurze Zeit später in ihr Bett schlüpfte. Sie wünschte sich für ihre Mutter nichts sehnlicher, als dass Furia Ruhe geben würde. Der morgige Tag sollte für Coralline ein voller Erfolg werden!

Erst nach einer ganzen Weile schlief sie ein.

DREIZEHN

Letzte Vorbereitungen

~~~

Als Smeeralda am nächsten Morgen aufstand, war von Coralline und Onda nirgends etwas zu sehen. Bestimmt erledigten sie noch die letzten Kleinigkeiten. In zwei Stunden sollten immerhin schon die ersten Gäste eintreffen! Auch Smeeralda merkte, wie aufgeregt sie war. Hoffentlich klappte alles wie geplant ...

An der Rezeption traf sie den Zebrafisch. «Guten Morgen, liebe Sorgen!», rief er mit einem Augenzwinkern. «Damit bist natürlich nicht du gemeint. Ist mein alter Kumpel Five Star da?» Er wedelte mit der Tageszeitung.

Smeeralda überlegte blitzschnell. Dann rief sie: «Ich bringe sie ihm!»

Der Zebrafisch überließ ihr bereitwillig die Zeitung. «Schönen Tach noch!», sagte er und verschwand.

Wohin mit der Zeitung? Bevor jemand anderes sie sehen konnte, öffnete Smeeralda die Schublade des Schreibtischs hinter der Rezeption. Sie würde dem Seestern die Zeitung natürlich noch überreichen – aber erst morgen, wenn die Hoteleröffnung gut über die Bühne gegangen war!

Smeeralda wollte die Zeitung gerade in die Schublade legen, da musste sie lächeln. Denn in der offenen Lade lagen bereits mehrere Zeitungen der vergangenen Tage. Onda war wohl auf die gleiche Idee gekommen. Deswegen hatte Mister Five Star in den letzten Tagen also seine Lektüre vermisst!

Sie verschloss die Schublade sorgfältig und schwamm in die Küche. Mister Five Star war bereits bei der Arbeit. Er war schon früh am Morgen aufgestanden, um die Köstlichkeiten für den großen Tag vorzubereiten. Überall standen große gefüllte Töpfe, Schüsseln und Servierplatten. Auch der Kühlschrank quoll über vor leckeren Gerichten, die der Seestern vorbereitet und sorgsam abgedeckt hatte, um sie zu kühlen. Viele Liter Suppe und duftender Eintopf waren bereits fertig, das frische Meeresgemüse geschnippelt. Andere Zutaten würde Mister Five Start erst kurz vor dem Servieren kochen und anbraten.

«Wer ein guter Koch sein will, muss früh aufstehen», sagte Mister Five Star und unterdrückte ein Gähnen. «Wahrscheinlich muss ich heute Nachmittag mal ein kurzes Schläfchen machen, sonst kippe ich in die Torte! – War der Zebrafisch schon da?», rief er, während er ihr ein Frühstück aus Algenflocken mit Korallensirup zubereitete.

Smeeralda wendete sich schnell ab, damit er ihren

Blick nicht sah. Was sollte sie sagen? «Ich ... Ich schaue später für dich nach, ob er die Zeitung auf die Rezeption gelegt hat!», rief sie schnell. Das war nur geschwindelt und nicht gelogen, fand sie. Wenn sie Glück hatte, vergaß Mister Five Star sein Horoskop wieder, weil er heute so viel zu tun hatte.

Es schien zu klappen. «Die Gäste werden umfallen, wenn sie mein selbst gemachtes Eis probieren!», rief der Seestern. Er hielt ihr ein Löffelchen voll hin. «Es ist ein Hauch Ozean-Rosmarin darin!»

Smeeralda kostete das zart schmelzende, hellgrüne Eis. Es schmeckte wirklich großartig. Auch wenn es ihr leidtat, dass sie und Onda den Seestern seit ein paar Tagen beschwindelten, hatte die kleine «Horoskop-Diät» dem Koch sichtlich gutgetan.

Der Koch tupfte sich mit einem Tuch ein paar Schweißtropfen von der Stirn. «Für so viele Gäste habe ich lange nicht gekocht! Das braucht jede Menge Kondition, und die muss man trainieren. So wie Muskeln!» Er winkelte seinen rechten Arm ab und spannte seine Muskeln an. Es bildete sich nur eine winzige Wölbung. Der Seestern verzog kläglich das Gesicht, doch Smeeralda merkte, dass er bloß scherzte.

Sie lachte. «Ich helfe dir gerne, auch in den kommenden Tagen. Ich habe ja noch eine ganze Weile Ferien. Bald bist du bestimmt wieder fit wie ein Turnschuh», sicherte ihm das Meermädchen zu.

«Du meinst, so wie die da?» Mister Five Star wackelte

mit seinen Füßen, an denen er heute tatsächlich Turnschuhe trug. Dann sah er Smeeralda gerührt an. «Du und deine Mutter, ihr seid etwas ganz Besonderes. Darum helfen euch auch alle hier. Ihr werdet es schaffen mit diesem Hotel, da bin ich mir ganz sicher!»

Smeeralda bedankte sich für seine Worte. Sie hoffte sehr, dass der Traum ihrer Mutter in Erfüllung ging. Von Furia hatten sie immer noch nichts gehört. War das ein gutes Zeichen, oder heckte die Nachbarin etwa wieder etwas aus? Sie hoffte es nicht.

«Ich weiß nicht, wer den Seepferdchen das Zählen beigebracht hat!», rief Onda, die in diesem Moment hereinkam. «*Eine* Muschel hab ich gesagt! Eine Muschel auf jedes Kopfkissen in jedem Zimmer! Was machen sie stattdessen?» Sie sah Smeeralda und Mister Five Star an, als wüssten die beiden die Antwort. «Auf manche Kissen haben sie drei Muscheln gelegt, auf manche zwei. Und der Rest ist leer!» Sie stöhnte auf. «Spreche ich Spanisch, oder was?»

«Ich finde das nicht schlimm. Es sieht sicher trotzdem alles sehr schön aus», beruhigte Smeeralda sie.

Onda nickte und rieb sich die Schläfen. «Wahrscheinlich hast recht. An Tagen wie heute bin ich immer etwas nervös.» Sie holte tief Luft. «Ich sollte wohl auch nicht zu streng mit ihnen sein. Sie haben in den letzten Tagen bei allem Chaos gute Arbeit geleistet. Die Teppiche liegen alle faltenlos aus. Die Handtücher hängen sauber auf ihren Haken. Alles ist mehr als vorzeigbar. Fehlt

nur noch der große Korallenbrunnen für das Dessert.»
Sie wandte sich an den Seestern. «Kannst du mir helfen,
ihn in den Speisesaal zu tragen?»

«Aye, aye! Wird gemacht!», rief Mister Five Star und
legte die Hand an die Schläfe wie ein Matrose. Zu dritt
schwammen sie in den festlich gedeckten Speisesaal.
Die großen runden Tischdecken leuchteten blüten-
weiß. Die Stühle waren ebenfalls mit feinen weißen
Stoffen überzogen. Auf jedem Teller lagen türkisfarbene Servietten, die wie Meerjungfrauen-Flossen geformt
waren. Glitzermuscheln und kleine Glassteinchen waren zwischen die Teller gestreut worden. Die Gläser und
die Bestecke waren so sauber, dass man sich darin spiegeln konnte ... Schon in wenigen Stunden würde dieser
Raum voller Gäste sein. Auf einmal konnte Smeeralda
ihre Mutter besser denn je verstehen. So ein Grandhotel
war wirklich etwas Einmaliges!

Der Brunnen, den Onda und Mister Five Star inzwischen in den Saal gerollt hatten, bestand aus mehreren
Stockwerken mit kleinen metallenen Schalen. In eine
große Schale in der Mitte wurde flüssiger, warmer Korallensirup gefüllt, den man über Muschelsahne, Eis
und andere Süßigkeiten träufeln konnte. Nixe hatte einen solchen Brunnen einmal auf einer Geburtstagspar-
ty aufgestellt. Es hatte himmlisch geschmeckt!

Doch Onda schien nicht zufrieden. «Der Brunnen
müsste längst warm sein. Kalten Korallensirup können wir unseren Gästen auf keinen Fall servieren. Das

schmeckt wie Walrosspipi!», beklagte sie sich. «Was machen wir denn jetzt bloß?»

In diesem Moment kamen Azuro und sein Vater herein. Die beiden hatten sich zur Feier des Tages richtig fein gemacht. Ihr Haar war nicht ganz so verstrubbelt wie sonst, und sie trugen weiße Hemden und dunkelblaue Jacketts. Das erinnerte Smeeralda daran, dass sie sich auch noch ein hübsches Kleid anziehen wollte. Sie sah auf die Uhr. Gleich halb zwölf. Sie musste sich beeilen!

Während sich die anderen um den Brunnen kümmerten, schwamm sie schnell auf ihr Zimmer. Sie entschied sich für ein weißes Kleid, zu dem ein türkisfarbener Gürtel mit großer, muschelbesetzter Schnalle gehörte. Als sie sich kurze Zeit später im Spiegel betrachtete, war sie sehr zufrieden mit sich. Noch einmal mit der Bürste durch das lange Haar ... und fertig.

Coralline kam im gleichen Moment aus ihrem Zimmer geschwommen wie ihre Tochter. Sie hatte die Arbeitskleidung der letzten Tage gegen ein feines dunkelblaues Kleid getauscht. Es war von feinen Gold- und Silberfäden durchzogen. Ihr glänzendes Haar trug sie offen und hatte es auf einer Seite mit einer großen dunkelblauen Blüte nach oben gesteckt. An ihren Ohren glitzerten winzige Muschelstecker. Wunderschön sah ihre Mutter aus. Smeeralda erkannte sie kaum wieder. «Du siehst aus wie die Chefin eines berühmten Grandhotels!», sagte sie bewundernd.

Coralline drückte sie liebevoll an sich. «Und du wie die Tochter der Chefin eines berühmten Grandhotels!» Die beiden nahmen sich an der Hand und schwammen Seite an Seite die Treppe hinunter.

Im Speisesaal blubberte der Korallenbrunnen fröhlich vor sich hin. Er funktionierte! Die orangefarbene, warme Flüssigkeit duftete köstlich. Daneben waren Teller mit verschiedensten Keksen und Waffeln angerichtet.

«Manchmal muss man nur an einer winzigen Schraube drehen, wie im richtigen Leben», sagte Atrian. «Ihr beiden seht übrigens bezaubernd aus!»

Smeeralda und Coralline freuten sich über das Kompliment. Auch in Azuros Blick lag Bewunderung. Er sah aus, als wollte er etwas sagen, klappte aber den Mund wieder zu.

«Hier, probier mal», sagte Smeeralda und hielt ihm eine kleine Waffel hin, die sie in den Brunnen getaucht hatte.

Der Meerjunge probierte. «Mhmmm, lecker! Ich glaube, ich bleibe heute den ganzen Tag genau hier stehen», sagte er grinsend.

Die beiden tunkten und knabberten, bis Onda auftauchte und rief: «Schluss jetzt, Kinder! Oder wollt ihr den Rest des Tages mit Bauchweh im Bett verbringen?» Auch sie hatte sich umgezogen und trug ein wallendes lila Kleid und eine üppige Goldkette auf ihrem wogenden Busen.

Schweren Herzens ließen Smeeralda und Azuro die restlichen Waffeln liegen.

Die Schiffsglocke klingelte stürmisch an der Rezeption. Onda riss die Augen auf. «Es geht los!» Sie und Coralline machten, dass sie ins Foyer kamen, um alle Eintreffenden gebührend zu begrüßen.

Smeeralda und Azuro folgten ihnen neugierig, während Mister Five Star, Atrian und die Seepferdchen sich daranmachten, alle Speisen auf den langen Tischen anzurichten, die sich an drei von vier Wänden des großen Saals entlangzogen. Der Seestern trug zur Feier des Tages eine schicke schwarze Schürze, auf der in goldenen Buchstaben «Grandhotel 17 Wellen» stand. Auf dem Kopf trug er eine gestärkte weiße Kochmütze.

Zu Smeeraldas großer Freude waren die Lowinskys, ihre Gäste aus der Pension, auch gekommen. Sie begrüßte die beiden freudig, und das Seelöwen-Paar freute sich ebenfalls, sie wiederzusehen. Nach und nach strömten immer mehr Gäste in die große Eingangshalle. Eine ganze Gruppe Walrösser war gekommen. Sie nannten sich «Der Club der Meer-Millionäre». Die Herren trugen Frack und Zylinder und hatten dicke goldene Uhren um die Flossen, während die Damen lange Ballkleider trugen und dicke Meersteinketten um den Hals und an den Flossen zur Schau stellten. Auch viele junge Familien hatte Smeeraldas Plakat angelockt: Sie konnte fröhliche Delfine, Barsche und Seehunde ausmachen ... Alle hatten ihre Kinder mitgebracht.

In der Nähe der Bar entdeckte Smeeralda den Kugelfisch aus dem Kopierladen und seinen Freund, den Pilotwal. Smeeralda und Azuro schwammen auf die beiden zu. Das Meermädchen bedankte sich für seinen Freundschaftsdienst. So, wie es aussah, hatte die Werbeaktion mit den Plakaten und dem Banner um seinen Bauch wirklich viel genützt.

«Keine Ursache», sagte der Wal mit warmherzigem Lächeln. «Es ist sehr mutig, ein großes Hotel wie dieses zu eröffnen. Da helfe ich doch immer gern.»

Ein großes «Ah» und «Oh» ertönte, als die Seepferdchen mit den Begrüßungscocktails hereinschwammen. Mister Five Star hatte sich mal wieder selbst übertroffen. Alle Getränke sahen so hübsch und fantasievoll aus, dass die Gäste gar nicht wussten, nach welchem Glas sie zuerst greifen sollten!

Hier und da ging etwas daneben, weil die Seepferdchen nicht die geübtesten Diener waren. Doch heute war ihnen niemand böse. Nicht einmal Onda. Viel zu sehr waren alle damit beschäftigt, das wunderschöne Innere und Äußere des Hotels zu bewundern, das prachtvoller geworden war als je zuvor.

Coralline, Onda und alle Helfer bekamen große Anerkennung. Und der Strom der Gäste brach nicht ab! Viele Fische und andere Meeresbewohner hatten ihre Freunde und Bekannten mitgebracht, sodass es im Eingangsbereich bald zu eng wurde und man unter Ondas Anleitung in den Speisesaal übersiedelte.

VIERZEHN

Willkommen
in den «17 Wellen»

~~~

Kein Stuhl im Speisesaal blieb frei. Es mussten sogar noch weitere Stühle geholt und zwischen die bereits gedeckten Plätze geschoben werden, so viele Gäste waren von nah und fern gekommen. Voller Freude erkannte Smeeralda darunter auch den Wal, der sich als Bürgermeister zur Wahl gestellt hatte.

Gut gelauntes Gemurmel und Gelächter füllte den großen Saal. Alle warteten gespannt auf das Büfett, das in wenigen Minuten eröffnet werden sollte.

Coralline strahlte, als sie sich vom Rand aus im Raum umsah. Mehr als einmal musste sie sich eine Träne aus dem Augenwinkel wischen, so gerührt war sie von diesem Anblick.

Auch Smeeraldas Wangen leuchteten. Sie knipste eifrig Fotos. «Ich mache uns ein schönes Album, damit wir uns immer an diesen Tag erinnern», sagte sie. Coralline drückte sie an sich. «Dann kann ich auch Nixe und Undine alles erzählen, wenn sie mich mal besuchen kommen.»

«Mach das», sagte ihre Mutter. «Die beiden freuen sich bestimmt riesig, dich zu sehen!» Coralline zwinkerte ihr zu und schwamm wieder in Richtung Rezeption, denn die Schiffsglocke machte erneut lautes Getöse. Smeeralda schmunzelte. Sie konnte sich schon vorstellen, wie sich Onda morgen darüber beschweren würde, dass sie von dem Läuten einen Brummschädel hatte.

Gemeinsam mit den eingetroffenen Gästen kamen Coralline und Onda kurze Zeit später wieder hereingeschwommen und boten ihnen Plätze an.

Plötzlich ertönte stimmungsvolle Musik aus einer Ecke des Speisesaals. Ein Tintenfisch-Quartett mit Geige, Cello, Kontrabass und Saxofon hatte zu spielen begonnen.

«Musik!», rief Coralline und sah Onda begeistert an. «Dass du daran noch gedacht hast! Die habe ich total vergessen.»

Die Tintenfisch-Dame lächelte zufrieden. «Genau dafür bin ich da. In meinem großen Oberstübchen ist immer noch Platz für eine gute Idee! Dein eigener hübscher Kopf ist ja nun wirklich übergelaufen vor lauter Aufgaben in den letzten Tagen. Und ich glaube, unseren Gästen läuft gleich das Wasser in den Mäulern über, wenn ich mich so umsehe!»

Tatsächlich schielten die meisten bereits auf das fantastische Büfett. Die Tische bogen sich fast vor der Fülle an Speisen, die Mister Five Star, Atrian und die Seepferdchen aufgetischt hatten.

«Komm, wir sagen ein paar einleitende Worte und dann lassen wir die Meute los!» Onda hakte Coralline unter.

Gemeinsam schwammen die beiden auf die Bühne. Onda nahm sich ein Mikrofon vom Ständer und reichte Coralline ebenfalls eines. Sie gab dem Quartett ein Zeichen, das sofort verstummte. Die Gäste beendeten nach und nach ihre Gespräche und sahen gespannt zu den beiden hoch.

«Liebe Freunde, liebe Gäste von nah und fern!», begann Onda und blickte freudig in die unzähligen Gesichter im Saal. «Es ist mir eine große Freude und Ehre, euch heute meine Freundin Coralline vorzustellen. Sie hat sich der mutigen Aufgabe gestellt, das Grandhotel ‹17 Wellen› wieder zum Leben zu erwecken. Dies verdient doch zuerst mal einen ordentlichen Applaus, oder?»

Alle Anwesenden klatschten laut. «Bravo! Gut gemacht! Wurde auch höchste Zeit!», riefen einige in Richtung Bühne.

«Wie ihr euch vorstellen könnt, ist die Renovierung eines solchen alten Kastens keine Kleinigkeit. Wir hatten viele Herausforderungen zu bestehen, habe ich recht?» Onda sah Coralline an, die zustimmend nickte.

«Umso mehr freut es mich», fuhr Onda fort, «dass wir ab heute die Pforten der ‹17 Wellen› wieder für euch öffnen können. Ihr werdet es nachher selbst bestaunen können, doch so viel sei schon verraten: Alle

Zimmer sind so schön renoviert, dass man am liebsten sofort einziehen würde. Was ihr natürlich nicht tun sollt», sie lachte laut über ihren eigenen Scherz, «aber übernachten könnt ihr hier – so oft und so lange, wie ihr wollt!»

Alle lachten mit. «Doch nun will ich euch nicht länger langweilen. Ich übergebe das Wort feierlich an die Frau, die mit übergroßem Einsatz, viel Herz und noch mehr Leidenschaft diesen Tag möglich gemacht hat: Coralline!»

Onda machte eine elegante Armbewegung, und das musikalische Quartett spielte einen Tusch. Unter großem Applaus verbeugte sich Coralline. Es dauerte eine Weile, bis alle wieder still waren und bereit, ihr zuzuhören.

«Liebe Gäste, liebe Freunde, vielen Dank, dass ihr alle gekommen seid! Ich kann euch gar nicht sagen, wie sehr ich mich freue, die ‹17 Wellen› wieder zu dem Ort zu machen, der er einmal war: ein Ort des Genusses, der Entspannung, der Freude und neuer Freundschaften!»

Sie schaute lächelnd in die große Runde im Saal und erntete beipflichtendes Nicken. «Diese Mauern, in denen wir heute sind, haben schon viel Wunderbares erlebt. Sie erzählen eine lange Geschichte. Und auch ich möchte, dass wir alle miteinander hier wundervolle Stunden und Tage erleben. Für viele kommende Jahre.» Sie sah Smeeralda an und zwinkerte ihr zu. Die lächelte zurück.

«Sehr viele helfende Hände und Flossen waren nötig, um in den letzten Tagen alles unter Hochdruck fertigzubekommen. Alle Helfer hier auf die Bühne zu holen, würde den Platz sprengen», sagte Coralline lächelnd. «Doch einen ganz bestimmten Menschen möchte ich unbedingt zu mir auf die Bühne bitten. Denn ohne sie wäre ich heute nicht hier. Wir alle wären nicht hier ohne sie!» Sie wandte sich Smeeralda zu. «Kommst du, Schatz?»

Smeeralda machte große Augen. Sie sollte auch auf die Bühne? Damit hatte sie nicht gerechnet! Ihr Herz raste wie wild.

«Na los, mach schon», raunte ihr Azuro aufmunternd zu, der neben ihr stand.

Unter großem Applaus schwamm Smeeralda auf die Bühne. Coralline legte einen Arm um sie und sprach ins Mikrofon: «Das ist meine Tochter Smeeralda. Für mich ist sie das wunderbarste Wesen, das es in allen Weltmeeren gibt!»

Smeeralda wurde rot. Noch nie hatte sie vor so vielen Meeresbewohnern gestanden, die sie alle ansahen. Und noch nie hatte ihre Mutter sie vor so vielen anderen gelobt.

Coralline wartete einen Moment, bis sich alle wieder beruhigt hatten, dann fuhr sie fort: «Es bedeutet mir mehr als alles auf der Welt, dass mich meine geliebte Tochter dabei unterstützt hat, meinen großen Traum wahr zu machen.» Sie sprach jetzt direkt zu Smeeralda.

«Du hast auf sehr vieles verzichten müssen. Ich danke dir von Herzen, dass du dich auf diese große Reise mit mir gemacht hast, ohne zu wissen, was uns erwarten würde. Danke!» Coralline umarmte Smeeralda. Ihre Augen hatten sich mit Tränen gefüllt, und auch Smeeralda war kurz davor zu weinen.

Wieder ertönte gerührter Applaus. Hier und da hörte man Schniefen. Taschentücher wurden hervorgezogen, Augen und Nasen getupft. Das Meermädchen nahm seiner Mutter das Mikrofon aus der Hand.

Sie entdeckte die Lowinskys unter den Gästen und schaute sie an. «Ehrlich gesagt, am Anfang fand ich es hier ganz schrecklich.» Die Seelöwen-Dame nickte mitfühlend. «Ich wäre am liebsten auf der Stelle wieder nach Hause zurückgekehrt. Doch dann habe ich Onda kennengelernt und Mister Five Star ...», sie winkte dem Seestern zu, der neben dem Büfett stand. Er warf ihr eine Kusshand zu. «Und Azuro und Atrian ...» Auch die beiden nickten und hoben die Hand. Smeeralda überlegte. Was konnte sie noch sagen? Da fielen ihr die Worte des Walrosses ein, das sie auf ihrer Reise kennengelernt hatte. «An einem neuen Ort können neue Dinge geschehen. Anfangs wollte ich nicht glauben, dass diese neuen Dinge auch schön sein können. Aber es ist so. Und jetzt bin ich sehr froh, hier zu sein.» Sie strahlte ihre Mutter an.

Unter tosendem Applaus gab sie ihr das Mikrofon zurück. Die beiden schlossen sich in die Arme.

Gerade als Coralline das Büfett eröffnen wollte, ertönte ein ohrenbetäu-
bendes Geräusch. Was war das? Doch
nicht etwa Furia, die die Feierlichkeiten störte?, dachte Smeeralda erschrocken.

Aber es war jemand ande-
res. Mit einem selbstgefäl-
ligen Grinsen kam der
Immobilien-Hai in
den Speisesaal
geschwom-
men.

Unter dem Blitzlichtgewitter der Kameras mehrerer Fotografen, die er im Schlepptau hatte, steuerte er auf die Bühne zu. Rechts und links wurde er von seinen Putzerfischen flankiert.

Smeeralda, Coralline und Onda sahen sich fassungslos an. Was machte der denn hier?

Bevor sie etwas sagen konnte, entwendete der Hai Coralline mit einer geschickten Flossenbewegung das Mikrofon. «Rührende Worte, wirklich!», rief er hämisch. «Ich könnte heulen!» Er sah sich von der Bühne aus im Raum um. «Und ein schönes Fest haben Sie hier!», rief er Coralline zu. Er verbeugte sich vor einigen Gästen, die er scheinbar kannte. «Da man mich nicht eingeladen hat», fuhr er mit vorwurfsvollem Blick in Richtung Onda und Coralline fort, «musste ich mich leider selbst einladen! Denn dank meiner Unterstützung ist dieses Grandhotel nun wieder eröffnet! Ich denke, wir können es laut sagen: Wenn ich nicht gewesen wäre, dann ...»

Mitten im Satz wurde er unterbrochen. Es war Onda, die ihn mit funkelnden Augen anschrie, und sie war auch ohne Mikrofon im letzten Winkel des Saales zu hören ... «Wenn SIE nicht gewesen wären, dann wäre uns eine gewaltige Menge Ärger erspart geblieben!», brüllte sie den Hai an. «Also machen Sie jetzt besser ganz schnell, dass Sie verschwinden!»

Im Saal war es still geworden. Jeder verfolgte gespannt das Geschehen auf der Bühne. Der Hai ließ sich allerdings nicht so schnell einschüchtern. «Ich möchte doch noch einmal lautstark hervorheben, dass ICH höchstpersönlich die zahllosen Handwerker in den letzten Tagen ausschließlich für die Renovierung dieses Hotels zur Verfügung gestellt habe! Oder ist das aus Ihrem riesigen Schädel schon wieder herausgefallen?»

«Das war auch das Mindeste, was Sie tun konnten, nachdem Sie Coralline nach Strich und Faden betrogen haben!», gab Onda zur Antwort. «Dieses Hotel war die reinste Bruchbude, und Sie haben den Prospekt und alle Bilder darin auf übelste Weise gefälscht!» Empörtes Raunen schwoll im Saal an. «Eigentlich hätte Coralline Ihnen das Hotel um die Flossen hauen sollen!», schrie Onda weiter. «Sie sind ein Betrüger, wie es keinen zweiten in allen Weltmeeren gibt!»

Im Saal begann jemand zu klatschen. Alle anderen Gäste schlossen sich an. Die Reporter machten inzwischen keine Fotos mehr, sondern sahen dem Geschehen stumm zu.

Ein Walross aus dem Club der Meer-Millionäre erhob sich. «Meinen Bruder haben Sie auch um sein Vermögen gebracht! Man sollte Sie den Orcas zum Fraß vorwerfen!» Weitere Tiere standen auf. Auch sie wussten jemanden, der dem Hai zum Opfer gefallen war.

Der Hai hatte die ganze Zeit ein selbstgefälliges Grinsen im Gesicht, doch Smeeralda konnte sehen, dass er Mühe hatte, es aufrechtzuerhalten. Er murmelte etwas, das so klang wie «undankbares Pack». Dann holte er aus seiner Aktentasche einen Stapel Papiere. «Beruhigen wir uns doch wieder. Es gibt keinen Grund, um zu streiten. Das Hotel sieht ja nun tadellos und wie aus dem Ei gepellt aus!» Er wandte sich Coralline zu: «Und ich erlaube mir, Ihnen hier und heute die Rechnungen zu überlassen.»

Er wollte Coralline den Stapel Papiere überreichen. Doch Onda fuhr mit einer blitzschnellen Bewegung dazwischen. Sie hob die Papiere in die Höhe und zerriss jedes einzelne mit ihren vielen Armen in unzählige Stücke.

Der Hai schnappte nach Luft und betrachtete fassungslos die Schnipsel, die wie Konfetti auf die Bühne segelten.

Die Zuschauer jubelten begeistert. «Richtig so!», rief einer. «Zahlt es ihm endlich heim, dem Schurken!», kam es von einer anderen Seite.

Der Hai stoppte die Fotografen, die schon wieder anfangen wollten, Bilder zu machen. «Das wird ein Nachspiel haben!», schrie er Onda an. Dann befahl er seinen Putzerfischen und den Reportern, ihm zu folgen, und rauschte ab. Als er am Büfett vorbeischwamm, wollte er sich noch einige von den leckeren Plankton-Buletten angeln. Doch der zukünftige Wal-Bürgermeister, der ganz in der Nähe saß, stoppte ihn mit einem scharfen Blick und hielt mahnend seine Flosse hoch. Mit einem wütenden Grunzen machte sich der Hai auf und davon.

Onda sah Coralline und Smeeralda an. Die drei atmeten erleichtert auf. An die Gäste gewandt sagte Onda:

«Ich weiß nicht, wie es euch allen geht, aber ich brauche jetzt ganz dringend was hinter die Kiemen. Und zwar nicht zu knapp! Das Büfett ist hiermit eröffnet! Guten Appetit!»

Auch Coralline wünschte einen guten Appetit. Während sie mit Onda und Smeeralda von der Bühne schwamm und sich erst einmal von dem Schrecken erholen musste, drängten alle Gäste gleichzeitig zum Büfett. Mister Five Star und die Seepferdchen hatten alle Mühe, dem Andrang Herr zu werden und allen die Teller zu füllen.

Nachdem die Gäste glücklich zurück auf ihren Plätzen saßen und sich die Vorspeisen schmecken ließen, bedienten sich auch Smeeralda, ihre Mutter und Onda am Büfett. Smeeralda schwamm auf Azuro zu, der am Rand stand. «Wollen wir rausschwimmen?», schlug sie vor.

Der Meerjunge nickte. «Ein wenig Ruhe nach all der Aufregung wäre nicht schlecht.»

Genüsslich aßen sie alles, was sie mitgebracht hatten.

«Schade, dass deine Mutter heute nicht hier sein kann. Die schöne Feier hätte ihr sicher gefallen, oder?»

Azuro nickte. Er lächelte. «Wenn alles klappt, kommt sie morgen. Sie hat mir vorhin geschrieben. Ich freue mich aber lieber nicht zu früh.»

Smeeralda sah ihn an. «Ich finde, du solltest dich so freuen, als ob es klappt! Denn wenn sie tatsächlich kommt, dann ist alles gut. Und wenn sie doch erst später kommt, dann hast du keinen Tag mit schlechter Laune vergeudet. Denk an Furia!»

Azuro musste lächeln. «Du hast echt eine interessante Art zu denken. Hey», der Meerjunge sah sie an. «Meinst du, wir sollten kurz nachsehen, was Furia macht?»

«Jetzt?», fragte Smeeralda. Doch in ihren Augen blitzte es bereits. Azuros Idee gefiel ihr.

«Ja, nur ganz kurz. Und wir klopfen auch nicht», schlug der Meerjunge vor. Gemeinsam machten sie sich auf den Weg. Inzwischen fiel es auch Smeeralda deutlich leichter, sich im Algenwald zu orientieren. Doch an einer besonders undurchdringlichen Stelle nahm Azuro wieder ihre Hand. Er ließ sie erst los, als sie die Fässerburg erreichten.

Alles war still rund um die Lichtung. Kein einziges Geräusch war von der sonst so lauten Nachbarin zu hören. Auf den Fässern, die Furia als Tische benutzt hatte, stand das leere Geschirr. Am Boden lagen die Töpfe. Teilweise waren sie umgefallen. Doch alles war bis auf den letzten Rest leer. Smeeralda hob den Daumen. Ein gutes Zeichen. Es schien Furia geschmeckt zu haben!

Ein lautes Schnarchen war plötzlich zu hören. Leise schwammen die beiden näher und schauten durch die Öffnungen ins Innere der Burg. Furia war nirgends zu entdecken. Plötzlich winkte Azuro Smeeralda zu. In einem der Räume lag Furia. Sie schlief tief und fest. Die Flossen hatte sie auf ihren Bauch gelegt. Im Schlaf lächelte sie zufrieden. Ihr kleines Lämpchen wurde durch das Schnarchen rhythmisch auf und ab bewegt. Smeeralda und Azuro mussten grinsen.

An der Wand hinter Furia hing ein Foto. Es zeigte sie als kleines Fischmädchen mit ihren Eltern und ihren Geschwistern. Alle sahen sehr glücklich aus. Es ist nicht leicht, sein Zuhause zu verlieren, dachte Smeeralda. Vor allem nicht, wenn man es nicht freiwillig tut. Sie nahm sich vor, sich in Zukunft immer mal wieder eine Nettigkeit für Furia zu überlegen. Vielleicht konnten sie ja doch noch gute Nachbarn werden. Für heute aber war Smeeralda froh, dass die Idee mit dem Menü offensichtlich geklappt hatte.

Gemeinsam mit Azuro schwamm sie wieder zurück zum Hotel.

«Vielleicht hat Mister Five Star die leckere Torte schon angeschnitten. Die will ich auf keinen Fall verpassen», sagte sie, als sie den Algenwald hinter sich gelassen hatten. Sie überquerten den Spielplatz und nahmen ihre Teller auf, die sie auf der Hintertreppe abgestellt hatten. Als sie gerade nach drinnen schwimmen wollten, ertönte ein lautes, mehrfaches «Ping-Ping-Ping!» aus Smeeraldas Umhängetasche. «Wir haben endlich Empfang!», rief sie , reichte Azuro schnell ihren Teller und holte ihr Telefon hervor. Ihr Gesicht leuchtete auf, als sie darauf schaute. «Meine Freundinnen haben mir geschrieben! Hast du was dagegen, wenn ich sie kurz anrufe?»

Azuro schüttelte den Kopf.

Nixe und Undine hoben sofort ab. «Wo bist du?», riefen beide fröhlich. «Wir haben dich überall gesucht!»

Smeeralda machte ein ungläubiges Gesicht. «Ihr habt mich gesucht? Wieso? Wo seid ihr denn?»

«Bei euch! Im Speisesaal!», riefen Nixe und Undine gleichzeitig. «Wir haben schon Onda und euren Koch kennengelernt!»

Smeeralda wusste nicht, was sie sagen sollte. Sie sah Azuro ungläubig an.

«Na, worauf wartest du?», fragte er. «Willst du ihnen nicht Hallo sagen? Schwimm schon los!»

Smeeralda sauste in Richtung Speisesaal. Was für eine Freude, als sie schon wenige Augenblicke in die lachenden Gesichter ihrer Freundinnen schaute! Damit hatte sie nicht gerechnet.

«Deine Mutter hat uns zwei Tickets für den Wal-Bus gekauft. Sie wollte dich überraschen», antwortete Undine.

«Und Onda hat uns schon unsere Zimmer gezeigt. Das ist ja wirklich ein Mega-Hotel, in dem ihr hier wohnt! Hier würde ich auch gerne leben», meinte Nixe. Man konnte ihr die Begeisterung ansehen.

«Ihr könnt kommen, wann immer ihr wollt. Platz haben wir genug!», meinte Smeeralda lachend und umarmte beide Freundinnen überglücklich.

Ein Klingeln ertönte. «Darf ich bitten? Es gibt Torte!», rief Mister Five Star Stolz und deutete auf sein

Werk. Was er gezaubert hatte, hatte den Namen Torte mehr als verdient. Es war ein zehnstöckiges Meisterwerk!

Der Sternekoch hatte die «17 Wellen» nachgebildet: Rund um die Torte hatte er kleine Meerjungfrauen und Delfine aus grünen und blauen Süßigkeiten angebracht und alles von oben bis unten mit feinem Goldpuder besprenkelt. Jeder Gast wollte sofort ein Stück haben. Smeeralda bemerkte, dass auch Agatha Misty gekommen war und sich für ein Stück Torte anstellte. Unter ihrem Arm hatte sie ihr Manuskript und einen Stift dabei.

Später am Abend spielte das Tintenfisch-Quartett Tanzmusik. Smeeralda, Nixe und Undine schwammen zusammen mit vielen anderen Gästen vor die Bühne und tanzten ausgelassen, bis ihnen die Flossen wehtaten. Azuro sah lieber zu. Doch auch er hatte viel Spaß an diesem Abend. Er spielte zusammen mit seinem Vater, dem Wal-Bürgermeister und ein paar andere Fischen ein lustiges Kartenspiel.

Erst spät in der Nacht schlüpfte Smeeralda erschöpft, aber glücklich in ihr Muschelbett. Nixe und Undine schliefen in den Zimmern nebenan.

Smeeralda sah sich in ihrem Zimmer um. Was für ein Tag, was für eine Reise! Wie sehr sich alles innerhalb kürzester Zeit verändert hatte, seit sie hier angekommen waren ... Sie betrachtete die Glitzermuscheln auf ihrem Nachttisch. Auch der heutige Tag war wieder mehr als eine Muschel wert.

Sie löschte das Licht und zog sich die Bettdecke bis zur Nasenspitze. Langsam konnte sie sich an den Gedanken gewöhnen, in den «17 Wellen» zu Hause zu sein. Ein Gefühl sagte ihr, dass noch viele zauberhafte Dinge hier passieren würden. Sie freute sich schon darauf!

Dann schlief sie ein.

Foto: Sabine Kristan Fotografie

Karen Christine Angermayer liebt alles rund ums Schreiben: Sie ist erfolgreiche Autorin von über 40 Kinderbüchern, Jugendbüchern und Ratgebern. Parallel dazu unterstützt sie andere Menschen beim Ideenfinden, Schreiben und Publizieren.

Petra Bergmann widmete sich viele Jahre der Malerei, gab Malkurse für Kinder und Erwachsene und hatte zahlreiche Einzel- und Gruppenausstellungen. Seit 2017 ist sie freiberuflich und voller Überzeugung als Illustratorin tätig.